饭局人脉学

跟谁吃 怎么吃 吃什么

王贵水◎主编

Wuhan University Press
武汉大学出版社

图书在版编目（CIP）数据

饭局人脉学：跟谁吃 怎么吃 吃什么 / 王贵水主编 .—武汉：
武汉大学出版社，2012.3
ISBN 978-7-307-09662-2

Ⅰ . 饭…
Ⅱ . 王…
Ⅲ . 人际关系学 – 通俗读物
Ⅳ . C912.1–49

中国版本图书馆 CIP 数据核字（2012）第 054033 号

选题策划：人天书苑
责任编辑：武　彪
审　　读：代君明
责任印制：人　弋

出　　版：武汉大学出版社
发　　行：武汉大学出版社北京图书策划中心
网　　址：www.wdpbook.com
电　　话：010–63978987
传　　真：010–67397417
印　　刷：北京毅峰迅捷印刷有限公司

开　　本：710×1000　1/16
印　　张：14.5
字　　数：150 千字
版　　次：2012 年 6 月第 1 版
印　　次：2012 年 6 月第 1 次印刷
定　　价：29.80 元

前　言

　　易中天曾经这样解析饭局："中国人喜欢请客吃饭，并不是中国人好吃一场饭局，而是中国文化的思想内核——群体意识使然。"易中天在《闲话中国人》中说，"中国人既然以食为天，则'悠悠万事，唯此为大'，甚至'普天之下，莫非一吃'"；"政治即吃饭，会不会吃、懂不懂吃、善不善于处理饮食问题，就关系到会不会做人，会不会做官，会不会打仗，甚至能不能得天下"……诸多此类的言辞，都足以点破中国人"吃"的玄妙。一场恰到好处的饭局，于私能增添人与人之间的沟通和交流，于公能成为生意对手间的交锋谈判。饭局的精妙之处，并不在于吃什么"饭"，而在于设什么"局"。正所谓饭局千古事，得失寸唇知。

　　现如今，无论职场还是官场，吃饭都理所当然地成为了第二职业。有时候，一场饭局就是一次拼搏，有多少精明能干的高手，没有输在刀光剑影的战场上，却败在了一场饭局上，也因此失去很多机会、资源、人脉关系，失去原本升职提干的机会，甚至失去一份不错的工作。其实，社会就是一张饭桌，而每一个人都是这张饭桌上的一道菜，每一道菜都各有其特色。一道好菜，要讲究色香味俱全。正如一个人，想要获得良好的人缘，就必须要有合体的穿着、洞察人心的明眸、恰到好处的沟通交流，而其中的沟通交流则显得尤为重要。沟通是一门学问，交流是一种艺术。正如战争离不开枪炮，沟通则离不开语言。恰当的言辞能够有效地发挥其应有的沟通作用，在获得良好人缘的同时，还可以使双方在心理和情感上逐渐靠拢，缩短彼此间的距离。

如今，许多企业在沟通方式上别出心裁，纷纷搞起了"饭局面试"。应征者在"饭局"上的种种细小举动，往往能够体现应征者的道德、修养及整体素质。饭局看似简单，其实别有洞天。尤其是职场、官场上的饭局更是不好应对。如何才能在饭局中如鱼得水，吃出你的能力、吃出你的价值？又如何才能吃出机会、吃出财富？诸多的"潜规则"正等待着你去探索。

本书对各类人群的饮食习惯与禁忌进行了全面的介绍，让读者更加得心应手地举办、应对各种饭局，了解如何塑造应酬时的形象，如何在应酬时说话做事，如何练就一双"火眼金睛"，看透饭局中的"潜规则"。它将帮助读者学会灵活机智地待人接物，在应对人情世故时更加得心应手，从而利用饭局建立起良好的人脉关系，坐拥成功！

目　录

第三章　不可不学的用餐礼仪

第九章　饭局只是一个起点

第一章
纵观"饭局的前世今身"

中国的饭局历史悠久，古有"鸿门宴"争权夺位，今有"饭局门"各取所需；古有"青梅煮酒"尽显真英雄本色，今有"饭局三陪"再展其如簧巧舌。虽然文字有别，但都是以饭局为媒；虽然都是以吃饭为名，但却都有着"暗渡陈仓"之意；虽然相隔千年之久，却都暗藏着把酒论成败之实。

饭局不是万能的，没有饭局却是万万不能的'

中国人一向注重饮食，无论是逢年过节、孩子升学、参军入伍、婚丧嫁娶、升官易职，还是送迎、团聚、求人办事，都少不了一顿丰盛的酒宴。而我们所说的社交公关，请客吃饭首当其冲。在这个社会上，人不能孤立地存在，所以只要你生存在这社会里，就离不开形形色色、大大小小的饭局。与我们息息相关的人脉圈子、社会关系、资源信息、交情交易，也因此统统融入到饭局之中。所以说，中国的饮食之道，其实同样是人情的融合之道。

一顿饭关系着一个人的温饱和生活质量，而一个"局"则关系着一个人的前途发展。如果设好一个完美的"饭局"，就有机会给自己带来一个莫大的发展前景。

完美的饭局，于公于私都有百利而无一害。在生活上，既可以使亲朋好友间的沟通交流更顺利，使彼此的感情更融洽，又可以扩大交际圈，以备将来某个时候，发挥交际圈巨大的作用；在事业上，饭局无疑可以给交际关系穿上一层亲密的外衣，从而在生意、业务往来中起到一种神奇的促成作用。透过饭局，反映出的是潜移默化的经济利益、社会关系和人际关系。

中国人的饭局讲究最多。从落座到上菜的顺序，从谁先夹第一口菜，到什么时候离席等，都有很多的讲究，甚至可谓"繁文缛节"。早在宋代，人们就已经知晓"饭局"一词，时至今日，这一词汇已有一千多年的历史。"饭局"本是宋代文人对汉语及中国文化的一大贡献，即将"饭"与"局"巧妙地结合在了一起。说到"局"这个字让人不禁联想到"圈套、阴谋、利益"，"饭"与"局"的组合，充分体现了饭桌上的"艺术"。

中国人喜欢请客，是有些社会和历史渊源的。原本，吃饭只是个人行为，单纯地为了填饱肚子，而如今吃饭却演变成了一种通用的社交艺术。在大多数国人的思想深处，始终认为一个人成功与否，虽离不开个人的努力，但网络交际仍占据着不可估量的重要地位，想要获得成功，就必须将自己置身于一个合适的"人情场"之中。一个人，不仅要融于这强大的"人情场"中，还应做到游刃有余，否则他的成功很可能会多出许多不必要的坎坷，即使会获得成功，也难免会被孤立，被排挤。而饭局则是这"人情场"中的纽带，是将人与人关系拉近的最有效的方式。

在很多的饭局中，吃饭都被赋予了双重意义。吃饱甚至吃好都只是有名无实的意义，而饭局背后的目的才是其核心内容。请客的人一般抱着以下几种心态：一是通过"饭局"讨好领导，进而达到升官晋职的目的；二是以"饭局"为手段来拉拢下属，为己所用，日后获得更大实惠的目的；三是看起来无所图，尽显自身的豪爽大方，把自己勾勒成一种不怕吃亏、重义气的形象，并期望因此受到朋友们的拥护，在交际圈子中做到游刃有余；最后一种则是为了拉近与陌生人甚至对立者的距离，在饭桌上通过吃吃喝喝、说说笑笑，在推杯换盏间，化解了矛盾与误会，拉近了距离，同时也笼络了人心。

总的来说，经常请客的人，虽然不是每次都能达到其预期的目的，但却能潜移默化地推动舆论和拉拢人心，至少给人以亲和、容易接近的感觉。若说设一场以上对下的饭局意在凝聚人心，那么，以下对上的饭局则是更类似于一种沟通方式，更侧重于表达与表现。不仅仅要表达感激和敬爱之情，更重要的，

在于通过餐桌这个平台，在人前表现自己的能力，让别人了解自己的想法，看到自己的能力、潜力和思想，以及知进取的一面，进而达到请客的最终目的。

古时候，有位家境贫寒的秀才，只有一位老仆人照顾他的起居。

一天，秀才外出遇暴雨，不得已躲在一大户人家的房檐下。这户人家中一位好心的公子邀他到屋内避雨。秀才与公子一见如故，相谈甚欢，很快便成了朋友。

几日后，公子来家中拜访，秀才想留朋友在家中饮酒以作答谢。但家中只有酒，却无下酒菜，搜遍囊中也只有八文钱。老仆人觉察到主人的难处，笑着接过八文钱说："主人不必担心，这事交给老奴去办，保证让客人高兴。"

很快，老仆人买菜回来，简单地做了几道菜。

第一道菜：翠绿的韭菜平铺于盘里，上面是两个煎蛋黄。秀才觉得抱歉，但话未出口，老仆人便抢着说："第一道菜——'两个黄鹂鸣翠柳'。"客人看看盘中金灿灿的蛋黄和翠绿的韭菜叶，不禁叫了声："好！不知老人家下一道菜是什么？""客人请饮酒，老奴马上给您奉上。"

老仆人说完转身从厨房端上第二道菜，却是韭菜根平铺于盘子里，蛋白切成小块，排列其上。客人问道："此菜可有名？"老仆人笑答："此为'一行白鹭上青天'。"

客人击掌称妙！

随即，老仆人又端上第三道菜，乃是一盘清炒豆腐渣。仆人道，"这道菜，我叫它'窗寒西岭千秋雪'。"客人频频点头赞道："妙，妙啊！"

老仆人鞠躬说："客人勿笑，老奴还有一道汤奉上。"说着将其端来。细看，原来是清汤之上浮蛋壳。老仆人道："这最后一道菜，名为'门泊东吴万里船'。老奴很喜欢杜甫这首绝句，今天酒菜简陋，勉强凑成诗意，还请客人不要见笑。"

公子不禁对这位老仆人竖起大拇指，站起来拍手叹道："太好了，太好了，老人家真是语出不凡。"公子心中暗想："这位秀才家的仆人都这么有文采，那这秀才一定更是了得！"

席间两人喝酒、对诗，秀才的文采果然不凡，两人都兴致极高。

没过多久，在这位朋友的帮助下，秀才成了知县家公子的老师。这一顿八文钱的粗茶淡饭，不但成了秀才展示个人才华的舞台，更为他谋到了一份不错的差事。

老仆人的几句妙语，将这桌粗茶淡饭调色成宾主皆欢的喜宴，而秀才在这桌简单饭局上的出众表现，使其得到了一份不错的工作。足见饭局布得好，布得妙，做起事来自然要轻松许多。

吾庐孺《京华慷慨竹枝词》有《饭局》一首："自笑平生

为口忙，朝朝事业总荒唐。许多世上辛酸味，都在车尘马足旁。"就形象真实客观地道出饭局中的"味道"。"饭局"这一词，在此后的若干年依然广为流行，甚至频繁地出现在老舍的著作里，《骆驼祥子》中就有这么一句："遇上交际多、饭局多的主儿，平均一月有上十来个饭局，他就可以白落两三块的车饭钱。"在《四世同堂·偷生》中我们还可以看到这样的语句："今儿又有四个饭局！"直至今日，"饭局"依然没有衰败，反而愈发地兴盛。

一个人生存在这个社会上，就要有人际关系，有人脉圈子。饭局恰恰就是一个扩大人脉圈子的平台。现代人在繁杂的公事、私事之外，还要赶着一个又一个的饭局，用请客这种形式来收买人心。对于被传统文化熏陶千年的国人来说，一颗裹着糖衣的炮弹，威力着实巨大。在现代社会，饭局也许并不是万能的，但是没有饭局却是万万不能的。

"鸿门宴"——斗智斗勇的饭局

饭局，终究也是一个"局"。历史上有许多重大政治事件，往往都发生在饭局中。看似普通的一顿饭却吃得刀光剑影、勾心斗角、杀机重重。中国古代最具代表性的饭局，莫过于两千余年前的"鸿门宴"了。

秦朝末年那场"鸿门宴"，几乎是妇孺皆知的经典故事，也是中国古代最具代表性的一场"饭局"。

公元前206年，刘邦和项羽各自攻打秦王朝的军队。他们二人事先立下约定，谁先击败秦军进驻都城咸阳，谁就有资格在关中称王。刘邦驻军霸上，还未和项羽相见，刘邦的左司马曹无伤就派人对项羽说："刘邦想在关中称王，让子婴做丞相，珍宝全部被刘邦占有。"项羽听后勃然大怒："明早我要设宴犒劳我的士兵，激励他们打败刘邦的军队！"

得此消息的刘邦不想过早和项羽发生冲突，因此第二天清晨率百余人马来见项王，到了鸿门，向项王谢罪说："我和将军合力攻打秦国，将军在黄河以北，我在黄河以南。我没有料到自己能够先入关中，灭掉秦朝，能够在这里见到将军。现在有小人传出谣言，才使您和我发生误会。"项王说："这是沛公的左司马曹无伤说的，不如此，我怎会这样？"项王当天就留下刘邦，和他饮酒。项王、项伯朝东坐，亚父范增朝南坐。刘邦朝北坐，张良朝西陪侍。范增多次向项王使眼色，再三举起他佩戴的玉玦暗示项王，项王沉默着不作反应。范增起身，出去召来项庄，说："君王为人心善，不忍杀沛公。你去上前敬酒并请求舞剑，趁机将沛公刺杀在座位上。否则，众人都将被他俘虏！"项庄听从此言前去敬酒。酒毕，说："君王和沛公饮酒，军营里没有什么娱乐，那么请让我舞剑为您助兴。"项王说："好。"项庄拔剑起舞，项伯也拔剑起舞，常常张开双臂像鸟儿张开翅膀那样用身体掩护刘邦，项庄因而无法刺杀。张良趁机到军营门口找到樊哙并向他说明情况："现在情况十分危急，项庄拔剑起舞，他的意图在沛公身上啊。"樊哙闻言，便一手持剑，一手执盾牌，冲入军门。守卫军门的卫士想阻止他进去，而樊哙并不畏惧守卫，只是侧着盾牌将守卫撞倒，然后伺机闯入。掀开帷帐朝西站着，与项王怒目而视，头发直竖。

项王握着剑起身问道："客人是哪位？"张良说："是沛公的参乘樊哙。"项王说："壮士！赏他一杯酒。"左右就递给他一大杯酒，樊哙拜谢后，起身，站着把酒喝了。项王又说："赏他一条猪前腿。"左右就给了他一条未煮熟的猪前腿。樊哙把他的盾牌扣在地上，把猪腿放在肩膀上，拔出剑来切着吃。项王说："壮士！还能喝酒吗？"樊哙说："我死都不怕，一杯酒又有何可推辞的？秦王有虎狼一样的心肠，杀人唯恐不能杀尽，惩罚人唯恐不能用尽酷刑，所以天下人都背叛他。怀王曾和诸将约定：'先打败秦军进入咸阳者封作王。'现如今，沛公打败秦军在先，进驻咸阳，却封闭宫室，不动任何东西，又将军队退回到霸上，静候大王到来。特意派遣将领把守函谷关，以防其他盗贼出入。这样劳苦功高，不仅没有得到封侯赏赐，大王反而听信小人谗言，想杀有功之人，这与已经灭亡的秦朝有何不同。我觉得，大王如此明智，不应该采取这样的做法。"项王无话可答，只说："坐。"樊哙挨着张良坐下。片刻之后，刘邦起身去厕所，趁机把樊哙叫了出来。

刘邦出去后，项王派都尉陈平去叫刘邦。刘邦说："现在出来，还没有告辞，这该怎么办？"樊哙说："做大事不必顾及小节，讲大礼不必计较小谦小让。现在他们好比菜刀和砧板，我们则是鱼和肉，告辞干什么呢？"于是决定离去。

由于这场"酒宴"发生在秦朝末年秦朝都城咸阳郊外的鸿门，所以史上称其为"鸿门宴"。这场"鸿门宴"上演了历史上两个重量级死对头刘邦与项羽的权势博弈，也是张良、范增、樊哙、项梁、项伯、项庄等众多风云人物之间的才智对决。其中，充斥在宾与客之间的不是愉悦欢快的气氛，而是杀机四伏、一触即发的战意。在这场精心设计的"局"中，每个人都费尽心机。一场四十万大军对战十万兵马的悬殊战争，一场刀光剑影的饭局，虽然没有伤口和血光，却让强者项羽在饭桌上失手。这足以证明"局"的微妙之处。

"青梅煮酒论英雄"——不分胜负的饭局

三国时期发生了一场改变历史的饭局，这饭局亦是《三国演义》中最为精彩的片段——"青梅煮酒论英雄"：

东汉末期，曹操挟天子以令诸侯，势力极大；刘备虽为皇叔，但其势力却非常薄弱。为了防止曹操谋害自己，刘备不得不在居所后院种菜，亲自浇灌，以为韬晦之计。

一天，刘备一如往日在田里浇菜，曹操派人前来邀请刘备。刘备虽心有不悦，但碍于曹操的势力，只得胆战心惊地前往曹府与他相见。

曹操面无表情地对刘备说："在家做得大好事！"说者既有意，听者又岂能无心。仅这一句话，便将刘备吓得面如土色。曹操见状又变了口气说，"你学种菜，不容易。"这才使刘备紧绷的神经放松了些许。

曹操说，"方才看见园子里梅子青青，突然想起了一件往事（望梅止渴），今天既然见此梅，则不可不赏，恰逢煮酒正热，所以才邀你到小亭一聚。"刘备听后心神方定。于是随曹操来到园内小亭，只见亭内已经摆好了各种酒器，盘内放置了青青的梅子，二人相对而坐，将青梅放在酒樽中煮酒畅饮。

酒至半酣，突然刮起了大风，这风将天空刮得阴云密布，眼看大雨将至。曹操指天为题，以龙的变化、升隐来暗指英雄的作为，而这却直指刘备的痛处——刘备正是担心曹操把他当作对手，更怕曹操把他当作英雄。如果那样，刘备别说能否实现自己的政治抱负，很可能连人头都会不保。于是在曹操追问他天下英雄时，他佯装糊涂，处处谨慎提防。

此时的曹操正在观察刘备，推敲他的心理活动，试图判断他是否想称雄于世，于是说："夫英雄者，胸怀大志，腹有良谋，有包藏宇宙之机，吞吐天下之志者也。"刘备问："谁能当英雄呢？"曹操直截了当地说："当今天下英雄，只有你和我两个！"

刘备闻言大吃一惊，惶恐间手中拿的筷子也不知不觉地掉落到地下。而正巧此时突然雷声大作，一个惊雷随即劈下。刘备灵机一动，从容地低下身拾起筷子，谎称是因为害怕打雷，才将筷子掉落的。

曹操见刘备如此胆小怯懦，放心地说："大丈夫也怕雷吗？"刘备说："就连圣人面对这种惊雷暴风也会失态，更何况我一个凡人呢？"经过刘备这番掩饰，曹操终于认定了刘备其实是个胸无大志、胆小如鼠的庸人，从此曹操就再也不把刘备视作眼中钉、肉中刺了。

最终，刘备在那场惊心动魄的饭局中，以其超常的忍耐力和装傻充愣的大智慧，轻而易举地金蝉脱壳；再到后来赤壁之战，他又联合孙权大败曹操，打破了行将大一统的局面，开创了一个新的时代——三国鼎力。

此次酒局堪称双龙聚会，而这同样是一场表面推杯换盏、暗地较量心机的局。在这看似寻常的饭局中，从曹操的"说破英雄惊杀人"到刘备"随机应变信如神"，可谓步步玄机。曹操的睥睨群雄之态，雄霸天下之志表露无遗。而刘备的随机应变，以及进退自如，也展示出了一世豪杰所应有的技巧和城府。在这一场政治交兵中，一个长歌当啸，豪气冲天，指点群雄；一个寄人篱下，一味谦恭，装孬不折本；可谓没有胜败，双方都是最终的大赢家。

"乾隆千叟宴"——与民同乐的饭局

自汉朝以来，中国历朝历代的统治者都推崇尊老敬老，并标榜"以孝治天下"。在诸多相关的历史片段中，最为著名的即是清朝"千叟宴"。

千叟宴始于康熙年间，盛行于乾隆时期。早在 1722 年，康熙帝就曾在阳春园宴请全国 70 岁以上的老人——当时参宴者竟多达 2417 人。无疑，千叟宴是当时清宫之中规模最大、参宴者最多的御宴。后来雍正、乾隆两朝也举办过类似的"千叟宴"。

根据史料记载，乾隆五十年（公元 1785 年），国泰民安，天下富足。恰逢清朝庆典，乾隆帝在乾清宫举行了空前盛大的千叟宴，以表皇恩浩荡。宴席上，琵琶大虾、天香鲍鱼、龙舟鳜鱼、罐焖鱼唇等各式佳肴达 63 道之多。近 4000 名皇亲国戚、前朝老臣和民间长者前来参加，乾隆皇帝还亲自为 90 岁以上的寿星一一斟酒。在座的老人很多都是饱学鸿儒，满腹诗书，当即吟诗作赋，并被史官记载入册。

　　据说当时最年长的老人已有 141 岁，并被众人推为上座。乾隆帝和纪晓岚还一同为老人作对联一副："花甲重开，外加三七岁月；古稀双庆，内多一个春秋 。"上联中，花甲即为六十，重开为一百二十，另加三七二十一，即为老人的年龄。而下联，古稀为七十，双庆则为一百四十，多一轮春秋，同样是老人的年龄。如此传奇之对联，众人皆拍手称绝。

　　在这千叟宴中，皇家饭局的气派体现得淋漓尽致，绝非民间饭局所能比拟。匠心独运的满汉全席，巧夺天工的贡品佳酿，都在这一局之上纷纷呈现。五十年一遇的盛宴上，老人们在感慨"朝廷政策好"的同时，狼吞虎饮，享乐一方。而这场浩大的千叟宴酒局，也被当时的文人称作"恩隆礼洽，为万古未有之举"。这就是流传至今最富盛名的千叟宴。

　　时至今日，史学家对于乾隆"千叟宴"的态度依然各持己见，说法不一。与民同乐也好，铺张浪费也好，一切都不足以影响这场饭局的盛名。从某种角度来讲，奢华的千叟宴展现的是乾隆盛世里，天子与臣民共悲喜，养民之所幼、敬民之所老的决心。

清朝的规定中有这样的描述："优待老年人，如高龄生员赐举人、官员全俸退休、宴请新科举人而开的鹿鸣宴等。"甚至，《大清会典例》中还有"存留养亲"，所谓"上有所行，下必效焉"。不管怎样，乾隆帝能够将祖父康熙创立的"千叟宴"延续下去，都是对与民同乐精神和饭局存在意义的最大肯定。

"吃饭"还是"作秀"——现代的饭局

一个人若想在这社会上立足，少不了接触各式各样的饭局。渐渐地，饭局已成为人们生活中必不可少的交际手段。仔细观察就不难发现，饭局其实就是以圆桌为中心，以各种礼仪或情感作为纽带的微型且微妙的小社会，是人情的练达台、人性的百花园、权势的竞技场、嘴脸的作秀台。

无论是亲朋好友之间感情交流的家宴，还是为了权势利益争夺应酬的饭局，都只是一种形式，或者说，是人们为了达到某种目的的工具。

在现今这个飞速发展的时代，网络已成为人们工作、学习、娱乐的主要媒介。就在网络信息飞速传播的时候，它也为很多急功近利的人带来了机会。很多人利用网络进行"不经意"的炒作。我们经常会在网络上看到诸如"××门"的字样，殊不知，"饭局门"也已在网络中悄然而生，并以迅雷不及掩耳之势迅速传播开来。

"饭局门"多半是指被蒙上神秘色彩的非正常饭局。富商们出于结交朋友、彰显身份的目的，热衷于邀请明星吃饭，因而一些明星会遭遇此类社交饭局，甚至遭遇被骗或被迫的情形。当然也不排除一些明星为了炒作而自甘陷入"饭局门"中。

　　一些娱乐新闻报道，许多明星都曾深陷"饭局门"。2010年4月9日，百度娱乐一篇《知情人揭露女星饭局门真相：这是嫁入豪门的捷径》的文章，指出"女星饭局"的话题早已不是娱乐圈的"新"闻，"饭局价人气榜"已经变成考验明星人气的重要砝码，甚至一些女星为了能在饭局上认识"金主"，嫁入豪门，也加入了陪酒吃饭的行列。

　　在内地娱乐圈，女星饭局尚未形成固定的模式，一般都由经纪人和所属公司代为谈妥价码。据一些演出商透露，"明星参加一场演出，中介人会问赞助商都有哪些要求，例如演出之后还需要艺人参加什么活动，若有吃饭、喝酒之类的应酬，则开价比单纯演出要高。"

　　而后，受明星"饭局门"事件的启发，网络上一些脑筋灵活的人士则打着撮合饭局的旗号，正式建立并运营起饭局门网，甚至号称要"打造中国最大的饭局门户网站"。在这个主题网站中，女会员不只收明星、模特、空姐，就算是普通学生也可以加入，而男会员据称是富二代占主流。网站负责人称，该网站目前已有会员131人，女学生陪吃价格大多在3千元到1万元之间，模特和空姐大多在1万元到8万元之间。

　　可见，现在的饭局并不只是局限于一种形式。在各种各样的饭局铺天盖地的同时，其背后的内容着实引人深思。

如今的饭局究竟是个什么"局"？到底是沟通交流拉近距离的平台，还是明星佳丽的作秀场地呢？

比排场——上流社会的饭局

全球富豪们都有一个共同的特点：在举办派对时，经常要花费不菲的价格用于精美的食物、昂贵的香槟和一流的娱乐表演。在宴会中出手阔绰制造大场面，那讲究的是一个派。据报道：北京某富豪曾在京城举办了一场大型的生日宴会，宾客盈门，多达 400 余人，娱乐圈众多明星也纷纷到场参加，由于到场的大腕人数甚多，网友惊呼这次生日宴的明星的阵容比"春晚"还"带派"。

这名富豪在某五星级酒店举办的 60 岁寿宴，到场宾客不乏演艺界的知名艺术家，有媒体报道说，现场"有的宾客因为坐不下不得不提前离席"。由于宾客众多，现场还提供大型签名版供嘉宾签到。有网友表示，由于太多明星亮相，"感觉现场简直像一场颁奖典礼"。

由于此次宴会的诸多明星、名流助阵，这场富豪生日宴竟然瞬间成为了微博上的热门话题。有网友认为："富豪们的寿宴揭示了人脉的重要性及社会的趋利性。"的确如众网友所说，这场豪华的寿宴影射出人脉关系的重要性。

最近，某行业的"慈善晚宴"也被炒得沸沸扬扬，在这场豪华晚宴中，近百位来自全国该行业的精英及社会名流纷纷前来捧场，法拉利、兰博基尼、阿斯顿·马丁、玛莎拉蒂、保时捷等顶级跑车齐聚一堂，十分抢眼。这场晚宴成了富豪们展现身价和身份的"炫富大会"。据说很多富豪携年轻靓丽的太太前往，而这些太太们中不乏九零后美女。据说太太团的美女们几乎人手都是 iphone4，身上更少不了 LV、香奈儿、GUCCI 等奢侈品。

古人有"富家一席酒，穷汉半年粮"之叹，一场平常的寿宴、聚会，竟然搞得如此奢华，主办方的不惜重金、参与者的趋之若鹜、普通民众的争相追捧，让我们看到了上流社会"作秀"产生的广泛社会效应。不在乎吃的什么饭，重要的是摆的是"谱儿"，显的是"范儿"。

斗霸气——黑社会的饭局

黑社会，一般是指以为获取非法利益为目的，有一套与法律秩序相悖的有组织团伙集合。黑社会在汉语里是一个包罗性的词汇，象征着非法牟利、暴力、以恶欺善；然而在另一部分人眼里却包涵了江湖义气、快意恩仇、以暴制暴。我们对于黑社会的认识，通常都是通过电视和书本以及法制节目了解到的。谈及黑社会的饭局，更是让人惊心动魄，其中明争暗斗，杀机四伏。《古惑仔》系列电影对黑社会的饭局作了精彩的演绎：

镜头之一：《古惑仔2》中丁瑶的那场剪彩宴，其局面堪称硝烟弥漫。一场赌场的剪彩宴，原本应该是充满喜庆的，然而却因为种种纠葛，变得混乱异常。起初这场剪彩宴顺利地进行着，却因为阴谋、争权夺利而变得复杂。先是赌博桌上放蛇，再是带着笑脸打嘴仗，接着便是肢体上的直接冲突，扭打厮杀。此场宴席异常惊险却又无比直接，没有过多的暗斗，更多的，便是摆上台面的明争。

镜头之二：《古惑仔4》中的婚宴，一场喜气洋洋的中式婚宴，席间充满了愉悦轻松的气氛。吃吃喝喝，举杯畅饮，然而就在看似融洽的交谈中却隐藏着丝丝的火药味。每一句话乍一听起来也许只是平常的调侃闲聊，然而却句句都带着挑衅，隐藏着滚滚硝烟，甚至成为火拼的导火索。

当然，这些只是我们通过荧屏所了解到的黑社会饭局。虽带有夸张和虚构的成分，但确实反映出一些比较真实的内容。现实中的黑社会当然不会像影片那样神乎其神，因为毕竟是在法治国家，完全靠打打杀杀是吃不开的。

如今的黑社会大哥们也都热衷于下海经商，做着各种各样的生意。与普通生意人相同的是，他们同样少不了生意场上的种种谈判，而不同之处，则在其谈判的方式。黑道之人比常人多了几分霸气和狠劲，所以谈起生意来自然显露出更多的强势，没有过多的谦恭，而是势在必得。生意都在酒中，与你做生意就是看得起你，请你来喝酒就是给你面子。如果你不买账，我自然也有招术和计谋，放狠话、"讲道理"，除了威逼也少不了利诱。可以说，斗智斗勇的黑社会生意饭局丝毫不亚于历史上的"鸿门宴"。

最近看新闻，意外地发现一些地区黑社会组织势力极大，欺行霸市、寻衅滋事、开设赌局、放高利贷、绑架勒索，大肆猎取大量不义之财。相信很多人都非常奇怪，为什么这种黑社会组织可以立足，并且这么猖狂？原来他们是以各种精心布置的"饭局"为媒介，以各种手段为筹码进行利诱、拉拢当地的一些官员作为其不法行为的保护伞。有了官员们的保护，自然可以肆无忌惮、为所欲为。而掉入此"饭局"中的官员们，则糊里糊涂地被黑帮设计的酒肉之"局"紧紧套住。

虽然黑社会的大哥们通过饭局这种方式买官摄政、下海经商，然而即使是换了身份，换了行头，却还是洗不掉骨子里的那种争强斗狠的痞气和江湖情节。

黑社会的饭局就是如此，有组织，有阴谋，有拉帮结伙，有称兄道弟，亦有大碗酒、大块肉的豪放，赤裸着上半身似乎在比拼着纹身的艺术。西装革履下大方得体的谈吐，可以改变一个人的形象，却改变不了其本性。推杯换盏，纵情豪饮，只是，紧绷的神经却时时不能放松，每一句话都要说得小心谨慎，而又不能让步，不能示弱，争凶斗狠的同时也要把握分寸，掌控全局。

玩嘴皮——主妇的饭局

谈到主妇们的饭局，既没有富豪们的奢华派头，又没有黑社会那样豪放的大场面，但不可否认的是，她们的饭局却多了不少的热闹劲。主妇们平日里为了家庭操劳，费心费神，把大部分的时间都耗在了老公、儿女的身上。买菜、煮饭、打扫房间……每天都在做着繁杂而单调的家务，为了老公能安心工作，为了儿女能踏实读书，她们付出了太多心血与精力。

虽然中国传统女性的贤良淑德是几千年传下来的修养，深藏在骨子里，但随着如今社会的发展，生活质量的提升，妇女的权利和地位也在不断提高，妇女们的生活也不再那么单调与乏味。

曾经，对生活单一的主妇们来说，饭局通常是老公的专利，而如今，他们却更懂得为平淡的生活增几分情趣。在忙完了老公、儿女的种种琐事之外，也开始了一场场大大小小的麻将局、饭局……

主妇们的饭局不需要正式得如同在谈论公事，没有勾心斗角，也不谈生活压力。她们的饭局说白了就是一场八卦老鼠会，其话题真可谓是五花八门。

从对一盘菜的评价，到做菜的技巧；从菜市场的行情，再到买菜、讨价还价的技巧；从美容养生，又到营养搭配；从营养搭配的学问，延伸到减肥、塑身的方法；从减肥、塑身，又聊到时尚、明星、八卦、绯闻，晒着自己的幸福的同时，亦不忘了讲述东家长西家短的大事小情。主妇们热衷于围坐在一起，你一言我一语，谈论得热火朝天。

主妇们的饭局，总是言语多过饮酒，各种柴米油盐、购物心经、时尚潮流、八卦新闻融合在一起，倒是别有一番风味。

宾主尽兴——联谊饭局

北京有许多高档饭店，听鹂馆就是其中之一。饭店附近的部门举行大型会议和宴席，经常安排在此。"一般的政府筵席是比较经济的，并不奢侈浪费，属于工作餐的性质，"在听鹂馆工作的一位高级技师说，"真正属于豪宴的多是一些大企业、大集团的饭局，一桌饭菜至少是几千，几万或者十几万一桌也平常，甚至还有几十万一桌的。"

有人曾在听鹂馆亲眼目睹了一场两个企业间联谊的豪门夜宴。他们吃的是"满汉全席"。听鹂馆有个特别规矩，即所有的菜均没有价格，消费全部按人头计算。不同档次的宴席，其菜单不一样，或是菜名相同，但用料不同。这两个企业吃的是500元/人的档次，属于听鹂馆的中等档次。

听鹂馆里，宫灯高照，富丽堂皇，宫廷风格的宴会大厅，全套古香古色的桌椅、餐具，来回穿梭着身着仿清服饰的服务员。

饭局开始，双方领导各自进行了一番讲话。讲话结束，便全体起立端杯。第一杯饮尽，主菜便随着上来了，菜名是"京扒四宝"。技师说四宝分别是鲍鱼、海参、小勺鸽蛋和鸡脯，都是菜中珍品。

到这时，饭局才算正式开始。觥筹交错，气氛活跃，敬酒与撞杯之声不绝于耳。饭桌上形成了几大阵营，每个阵营都有各自的目标和对手，阵营中的每个人心里也都有一个大概的计划：什么话该说，什么话不能说，该重点敬谁，又该给谁做个顺水人情，如此云云。

经过几轮的你来我往，大家都已吃饱喝足，于是领导一声令下，餐桌上的各式餐具、酒水便悉数撤下，换上水果拼盘和饮料。戏台上早已准备好的歌舞表演也适时开始了，这个戏台是当年慈禧太后吃饭听戏的地方，据听鹂馆工作人员说，仅这戏台一晚上的租金就是两万。有人粗略计算了一下，这顿晚宴的餐费和歌舞表演等其他费用加起来不下10万元。

这样的饭局，多数是宾主尽兴而归。因为其目的单纯，就是吃饭娱乐，花样远不如上述饭局多。男女的恋爱也可归入此类。今年，广州的一位少妇说了一句很经典的话，被媒体频频引用："恋爱是无数个饭局，结婚只是一个饭局。"有美食家之称的专栏作家沈宏非说，正常男女在一个正常年代谈一场正常的恋爱，很难绕过餐桌而行。

险象环生——讨债饭局

有这么一种饭局，专为讨债而设。在客气与礼让的局面下，丝毫没有半分的心慈手软。既然设了这么一个局，就志在必得；既然讨债，就必然准备好讨债的陷阱。

温女士是一家企业的老总，她给记者讲述了一个通过饭局讨债的故事。

事业场上的温女士，与很多国内著名大企业都有着业务往来。但是由于某些公司在她这里提货时并不能当场付款，于是公司每年便多了一项额外的任务——讨债。然而讨债并不如想象中轻松，曾有个公司每每让前去讨债的员工无功而返，温女士无奈之下，决定亲自出马。出发之时，她带上了当时年仅5岁的女儿萌萌。

饭局设在一家高档饭店。席间，对方公司的刘经理一直感叹生意难做，自己能力有限，明示暗示的想让大家明白他没钱还钱。然而温女士自然是有备而来，设局之前，早已对这个公司做过详细的调查。于是，她在刘经理感叹自己能力不够管理不好之时接过话来说："贵公司今年上缴的国家税款有几千万，纯利润更是多达几亿元，怎么还能说是管理不善呢。"

之后，温女士转身端起酒杯对女儿说："萌萌，敬刘叔叔一杯，祝他事业总是这么一帆风顺。"刘经理说："哦？小姑娘会喝白酒啊？行，只要你干了这杯酒，我就一分不少地还钱给你妈妈，怎么样？"

小姑娘应了声"好"便举起杯子干了，令人惊诧的还不只这些，她竟然又让服务员连续斟了两杯，一饮而尽。满座皆惊，掌声一片。连斟酒的服务员都惊得愣在当场。刘经理有言在先，当即便掏出支票签了字。

这样或诡异或残酷的饭局每天都在上演着，房间里高朋满座，桌子上觥筹交错，私下却是暗自较劲。表面繁荣，实质冷酷，你谦我让的同时，却暗想着不达目的不罢休。

第二章
饭局是现代人生存必备的潜规则

如今的饭局已经成了生意场上沟通客户、促成生意的必备"法宝"。所以，只有巧妙、得心应手地利用好每一场饭局，才能得到客户的满意和领导的赏识。这种在饭局中如鱼得水的本领，是一名成功人士的必备能力，更是当今社会为人处世的"潜规则"。

应对饭局已成为现代人生存的必备能力

从"排座"看你是否懂礼数，从"敬酒"考察你是否有社交能力……某地大学生求职的面试竟然被安排到了饭桌上。面对这样的面试方式，大部分毕业生大跌眼镜。把应对饭局的能力作为面试的科目着实令人深感意外。

这条新闻一出，网友们就各持己见对此事争论不休。有人对这样的求职面试不以为然，认为这只不过是暗中考察人际交往能力；但大力拍砖者却不这样认为，他们觉得饭局面试"醉翁之意不在酒"；还有忧国忧民者认为这助长了公款吃喝的歪风。

站在客观公正的角度上说，后者似乎真的有些多虑了。现在步入社会的大学毕业生几乎都是 80 后，饭局这一课是毕业生步入社会后尤为重要的一课，这是在象牙塔里学不来的。大多数 80 后都生活在比较优越的环境中，父母为他们营造的安逸生活使得他们少了一些独立思考及处理问题的能力，因此并不能很好地适应这样的测试环境。被击中了软肋，自然会有逆反心理，所以不少被淘汰出局者对这种暗考嗤之以鼻。

把饭局当考场，其实不能将它视为职场陋习。因为，无论从事公关，还是正常的商业交往，都需要当事人有较好的待人接物能力和社交基本礼仪。零点公司曾经做过一项调查，在常用社交方式的选择中，"聚餐"位居第一，比例高达 46%，而排在第二位的体育活动则仅有 13%，这就足以证明饭局是中国人日常生活中最重要的社交形式之一。如此看来，饭局面试是不是就顺理成章了一些呢？

对于在社会上摸爬滚打数年的白领们，学会应对饭局更是必备的能力。饭局不但可以提高生意的成功率，还可以联络与同事、领导之间的感情，让白领们在竞争激烈的职场中站稳脚跟。

在饭局中，不管会不会喝酒的人都得承认的是，酒是调节饭桌气氛的绝佳武器。俗话说，酒品如人品，通过喝酒吃饭一

学会善用饭局潜规则，会让你的前途风生水起。

类的小细节来衡量一个人能否做成事，尽管这样的考试没有标准答案，但没有答案的题，却恰恰是最难的考验。这种自由发挥的试题，才更能考察一个人的能力之所在！用人单位正是从饭局中的小举动看人品，从应对事情的方式看能力。这其实也是世界顶级成功激励大师陈安之的成功学领导法则之一。

小杨是个大学生，父母都是生意人，因此经常会随父母参加一些饭局。作为老板家的"小少爷"，自然在饭局中总是会备受礼遇。

大学毕业后，小杨拒绝进入父母的公司，坚持要靠自己的能力去闯一番事业。在得知某知名企业正在招聘总经理助理一职时，小杨毫不犹豫报名参加面试。而他最终凭借自己的真才实学在面试中脱颖而出。

小杨对工作认真负责，勤勤恳恳，总经理更是对他信任有加。有一次，公司要与其合作伙伴谈生意，第二天晚上安排了一场饭局。这是一次不错的锻炼机会，总经理好心地带上了小杨一起参加。小杨听到这个消息高兴得不得了，一下班就开始忙着为第二天的饭局作准备。

虽然小杨穿着职业装，但是被礼遇惯了的小杨对餐桌礼仪却是丝毫不懂。一进门还没等领导和客户入座就找了个位置坐下。领导有些不悦，但毕竟客户在场，碍于面子只得作罢。用餐时，小杨一边嚼着食物一边与客户聊天，口中不时有汤汁喷出来，极为不雅。小杨很想活跃一下餐桌气氛，因此频频向客户敬酒，然而他却不懂得时机。有时，客户刚将菜夹入口中，他就提起杯子向客户敬酒，使客户陷入尴尬之中。

在这场饭局之后没多久，公司进行了人事调动，小杨被调到了基层，成为一名普通的文员。他因"不会吃饭"而失宠降职一事很快在公司成了大家休息时的笑谈。

现如今，很多的生意都是在饭桌上敲定的，或者借由饭局达到敲定的作用。因此，饭局确实是学生走入社会后必定会面临的社交场合，对企业来说更是生意场上的阵地。所以，能够应对好每一场饭局，自然成了职场精英们必备的能力。我们要承认的是，善于交流、活跃气氛、礼仪有度确实是现代社会的你我他寻求发展的重要能力。对此，有关单位聘用特殊岗位职员进行"饭局面试"的形式，则属于情理之中，非但不该引起什么非议，有条件的话，进行一场"饭局知识"培训也不为过。

现场最直接、最容易引起话题的东西很多，如座位的排列与讲究、交流的身份与语境、着装的选择与欣赏，以及对饮食的认知能力、对酒水的识别水平、对场面的应对能力等。身为饭局中的一员，一举一动、一言一行，都能反映出这个人素质高低、涉世深浅、文化层次以及随机应变能力等。饭局中因一句话、一个动作而令人作呕者大有人在。

排座、敬酒、饭局中的应变能力等，考察的都是一个求职者的社交能力、公关技巧，虽然没有涉及一个大学生的学习成绩和专业技巧，但它却从另一面展现出了一个人是否拥有在职场里妥善处理人际关系的能力。在这个竞争十分激烈的社会，每多一个本领，就比别人多了一条通向成功的道路。能巧妙应对饭局面试的大学生，更凸显出了一种职场生存能力。

在饭局面试中屡战屡败的大学生，不适的感觉可能来自于对饭局的不熟悉和不理解，他们为不懂如何应对饭局中的种种礼仪而显得尴尬。然而饭局对在职场、商场、人情场上的重要性却是众所周知的，即使在面试中接触不到这样的考题，但这种借助饭局来考察交际能力的案例却是处处存在的，所以只要认真地去反思并加以总结，也许就会积攒下让自己受益一生的宝藏。

酒桌上"话聊"要把握尺度

在社会上，人们无论托人办事、沟通感情，还是传递信息、交流思想，沟通和聊天都是必不可少的。每个人都会说话，但恰恰就是这人人都会的说话，却有着莫大的学问在其中。常言道，"良言一句三冬暖，恶语伤人六月寒"。虽说大家都爱听好话，但恭维毕竟要讲究个尺度。

社交场上"逢人只说三分话"，一切"点到为止"；政治场合"领导过问了"，众人"研究研究"；生意场上"一语值千金"；文化场上"破题人语"，画下"点睛之笔"；社会上更是"褒贬毁誉系于一言"。由此可见，原本简单的说话聊天在社交场中就被赋予了极大的学问和意义。

直性子的人很多时候都广受欢迎，然而说话过于直接其实并不是一种值得提倡的习惯，很多时候弄巧成拙，反而是文化素养的缺失。话要说得得体，说得到位，说得有艺术性，说得有分量，又要说得让人爱听。说话得体是品位高尚、有修养的具体表现。直话冷人心，敬言才亲近。然而不同的敬言——甚至仅仅是不同的说法——都会产生截然不同的效果。

有些人设局邀请领导吃饭，与领导攀关系，给领导带高帽子，从而达到升官提干的目的。然而这样一味地刻意奉承，往往会适得其反。

一日，某单位领导组织一些同事聚餐。席间上了一道菜是王八汤，看着美味的食物，大家都在蠢蠢欲动，只是碍于领导没有动筷。这时有个爱拍马屁的小职员觉得拍马屁的机会来了，于是拿起筷子指着汤盆里的王八说："领导动动，领导动动。"大家闻听此言，几乎笑出来却不得不强憋住。这时这个小职员似乎也感觉到自己说错了什么，便低头不语。领导虽心中极为不悦，但碍于面子，也不好过多计较。为了打破僵局，领导硬着头皮拿起勺子先喝了口汤。而这个不知好歹的小职员看到领导喝汤了，就又想着为自己刚才的失言做些补救措施，于是说："对了，王八就该先喝汤。"至此，领导再也忍不住，勃然大怒，甩下筷子狠狠地瞪了他一眼，便转身离去。只剩下摸不着头脑的小职员和再也忍不住笑作一团的同事们。

由此可见，说话的方式和分寸真的很重要。拍马屁常被看作贬义词，其实不然。拍马屁也可以理解为沟通中与人为善的表示，只不过有时会稍显过度。实际上，拍马屁也是一门学问，也有其独特的艺术性，想掌握其中的诀窍并不容易。任何人都喜欢听好话，正如著名笑星高秀敏所说："别说是他乡长了，就是那大总统给他戴高帽子他都乐呀，戴高乐嘛！"但无论是"拍马屁"，还是"戴高帽"，都要分清对象、分清场合，都要有分寸，这样才能将语言的艺术发挥利用到极致。能否事半功倍并不在于你说了多少，而在于是否得当。

说话要分清对象，对待不同层次和不同身份的人，要用不同的交流方式，才会使沟通更有效。子贡虽满腹经纶，但若是对着农夫一味地"之乎者也"，也就变成了毫无用处的废话，更不可能达到预期的效果。

把握好说话的尺度，不仅仅能使你在社交场中获得更多的机会与人脉，更能间接地把握住自己的成功。

别让"吃相"毁掉形象

中国人对餐桌礼仪是非常讲究的。自懂事起，我们就会被屡屡告诫，吃东西一定要注意吃相。吃饭要端起饭碗，这是对同桌长辈的尊敬；吃饭时不能说话，嚼东西时不能发出声音，身体要坐直坐正，拿筷子的手不能翘起手指指向别人，扒饭不能掉饭粒，喝汤要用调羹，并且不能发出粗鲁的"呼呼"声……

随着职场礼仪的关注度逐渐提升，商务饭桌上的吃相和吃文化也更加讲究。我们就以中餐为例，教你如何在餐桌上做到有礼有仪，得心应手。

中餐宴席进餐伊始，服务员送上的第一道湿毛巾是擦手的，不要用它去擦脸。上龙虾、鸡、水果时，会送上一只小小水盂，其中漂着柠檬片或玫瑰花瓣，这不是饮料，而是用来洗手的。洗手时，可两手轮流沾湿指头，轻轻涮洗，然后用小毛巾擦干。

用餐时，要注意文明礼貌。对外宾不要反复劝菜，可向对方介绍中国菜的特点，吃不吃由他。有人喜欢向他人劝菜，甚至为对方夹菜。外宾没这个习惯，若是一再客气，说不定会惹人反感："说过不吃了，你非逼我干什么？"同样道理，参加外宾举行的宴会时，也不要指望主人会反复给你让菜，若是只等别人给自己让菜，那就只好饿肚子了。

客人入席后，不应立即动手取食，而应待主人打招呼，由主人举杯示意开始时再取食。夹菜要文明，应等菜肴转到自己面前时，再动筷子，不要抢在邻座前面，一次夹菜也不宜过多。要细嚼慢咽，这不仅有利于消化，也是餐桌上最基本的礼仪要求。决不能大块往嘴里塞，狼吞虎咽，这样会给人留下贪婪和粗鲁的印象。不要挑食，不要只盯住自己喜欢的菜吃，或者急忙把喜欢的菜堆在自己的盘子里。用餐动作要文雅，夹菜时不要碰到邻座，不要把盘里的菜拨到桌上或是把汤泼翻，更不要发出不必要的声音，例如喝汤时的"咕噜咕噜"声，以及吃菜时"叭叭"作响，这都是粗俗的表现。不要一边吃东西，一边和人聊天。嘴里的骨头和鱼刺不要吐在桌子上，可用餐巾掩口，用筷子取出来放在碟子里。掉在桌子上的菜，不要再吃。进餐过程中不要玩弄碗筷，或用筷子指向别人。不要用手去嘴里乱抠。用牙签剔牙时，应用手或餐巾掩住嘴。不要让餐具发出任何声响。

作为餐桌礼仪，吃相是体现一个人教养和素质的行为规范。但是，作为呈现给别人看的情节，吃相又带有浓重的表演成分。因而，倡导自然主义的人，亦把"非礼"吃法视为是一种人性的抗争。有不少"社会精英"，平时一副温文尔雅的模样，怎么看都是典型的绅士淑女，但每当吃到尽兴之时，就会完全变了模样，与之前判若两人。

前不久，与大学同学闲聊，无意中聊起了大学时代的一个漂亮女生。一位同学本来对这个女生很倾慕，因为她长得甜美可爱、楚楚动人，很受男生的欢迎。有一次在食堂遇见这美女，她打了饭竟然一边走一边吃，找到了位置坐下来竟直接把脚跨在椅子上，样子十分不雅。更让人倒胃口的是，她吃过饭以后竟然将筷子含在嘴里搅来搅去。看上去斯斯文文、楚楚动人的美女，吃相竟然如此差。此刻，这位女生在他心中的形象，突然一落千丈。

人生百事有百态，站有站相，坐有坐相，吃有吃相。尤其这吃相，最能反映人的内在素质和涵养。吃相和大部分的礼仪一样，都具有禁忌性，说穿了，无非是要我们尽量克制各自的动物本能，成为一个合乎社会规范的文明人。

古时候，大户人家教育孩子，吃饭要坐姿端正，举止要温文尔雅，扒饭不要狼吞虎咽，夹菜不要用"骑马夹"、"抬轿夹"，喝汤不要咕咕出声。如果不注意吃相，吃起来手筷并用，风卷残云，"筷子像雨点，牙齿像夹钳"，就会被人笑话"吃相难看"。一般说来，吃相难看会被人斥责为"淑女不淑，儒男不儒"，由此也可见吃相的重要性。

那么，究竟怎么才能在饭桌上也做淑女绅士，"吃"得漂亮，"吃"出风度呢？

1. 切忌"眼睛大肚子小"。夹菜时切不可过多，以免囤积在碟子里，给人留下贪婪和不雅的印象。

2. 切忌"抢菜"。谦让是中国历来的传统，万万不可与其他宾客或主人争抢，起身夹菜都难免有些失礼，更何况在他人夹菜时抢菜呢。"只吃窝边草"，在饭桌上并不是坏事。

3. 切忌嚼食与讲话同时进行。若口中有食物则应极力避免说话，因为此时，不仅声音听起来不礼貌，还有可能会喷出饭菜，那都是极为失礼与难堪的举措。

4. 切忌"左右开弓"。手中不要同时执筷子与汤勺，更不可左手盛汤的同时右手夹菜，这样看起来就如同饥荒的灾民，极为不雅。

5. 切忌乱丢残渣。食屑与碎骨应放在骨碟或纸巾上，并且不可直接吐出，而应用纸巾或手帕掩住嘴，夹出再放置其上。直接吐在桌上或丢在餐桌下都很有碍观瞻。如果可以的话，还提倡使用"公筷母匙"。

虽然讲究多了，自在就少了，甚至品味美食的感觉也少了，但我们必须明白的是，饭桌之上，在你品味佳肴时，有人正在品味你。因此，言行举止都不能粗心大意。观察一个人的"吃相"，其实正是考量其教养的最直观手段，因为"吃"乃是本性，亦最容易暴露缺点。

从吃相中，我们可以看出一个人潜在的个性：

1. 来者不拒型：这类人通常对食物并不挑剔，由此可透露出他对生活及工作的态度。个性随和，不拘小节，可以适应很多环境，应对不同的工作，亦会有较多的爱好与才艺。

2. 按部就班型：这类人一般做事富有心机且较他人更为专注，能够按照自己的规划处理问题，不会受外界因素影响过多。

3. 低调蚕食型：这类人性格中带着天生的顽固与保守，处事小心谨慎，守强于攻，在自己守住的领域里低调前行，适于守业而非创业。

4. 细嚼慢咽型：这类人办事态度如同进食一样，速度缓慢却注重严谨与周详，或许看起来冷酷或者挑剔，然而这只是他们严谨的一种体现。

5.浅尝辄止型：这类人过于墨守成规，往往已超出保守或是谨慎的范围，虽然闯劲不足，但其优势在于稳健有余，同样适于做守业者。

6.独食独享型：这类人多半特立独行，不愿与人做过多的分享，因此性格稍嫌冷僻，但他们却大多忠于职守，对诺言的兑现更为看重，因此在工作中亦不失为良好的搭档。

7.暴饮暴食型：这类人在表达情感与态度时如同进食一般，不知节制与进退。喜怒形于色，态度亦令人看得明朗。虽然有时做事缺乏谨慎思考，但易与人坦诚相待。

8.风卷残云型：这类人对待事业有着对待食物般的掠夺力和进取心，性格豪放且时常充满激情，做事果敢干练，不拖泥带水，在竞争中会努力赢得一席之地。

吃饭是一件大事，吃饱重要，吃好重要，吃相更重要。只有吃得健康，并且吃得文明、得体，才是真正解决了吃的问题。

因此我们一定要时刻注意自己在饭局上的吃相，千万不要让不雅的吃相，毁掉形象与机遇，甚至是前途。

酒席上眼神沟通胜过千言万语

目光交流在人际交往中有着非常重要的作用。人们相互间的信息交流，总是从目光交流开始，目光交流发挥着信息传递的重要作用。因此，眼睛又被称之为"心灵的窗户"。故有所谓眉目传情。目光和面部表情是反映心灵和情感信息的窗口。人们或许没有下意识地这样做：探知彼此的眼神和面临的正面或负面情绪的迹象。而在某些情况下，眼神交流会引起强烈的情感交流。

在世界的某些地方，尤其是亚洲，国家或民族之间的眼神交流往往会造成误解，更有甚者，一个不恰当的眼神竟会被误以为是攻击性的象征。

在一次饭局中，酒至半酣，桌上一位老者突然讲起了自己年轻时经历的一些逸闻趣事。就在大家听得津津有味时，一位女士正巧收到一条信息，看过信息之后，直接对另一位女士说："李大姐，要不要一起去洗手间？我这有个消息要告诉你。"

老者的发言就这样被意外打断了。在二位女士离席后，老者当然也没有了继续讲述的雅兴，只顾喝着闷酒。大家似乎也因为没有听完老者的趣事而略带遗憾。

在这种情况下，眼神的重要性就充分体现出来了。如果她没有直接打断老者的讲话，而是用一个眼神向李大姐示意，就不会扫了大家的兴致。

而这个眼神充当着内心交流的媒介。我们常说眼睛是心灵的窗户，那么目光就是来自心灵深处的语言，人与人的交流中，通常总是以目光为最先。因此，目光要尽量让别人看着柔和、友善。人的眼睛的表现力极为丰富和微妙，只有把握好自己的内心情感，目光才能体现出应有的内涵，才能充分地发挥作用。

但凡炯炯有神的目光，都会给人以感情充沛、生机勃发的感觉；目光呆滞麻木，则给人以疲惫厌倦的印象；如若目光凶相毕露，就会给人以反感、难以接近的感觉。

饭局前，不论是见到陌生人还是故友，不论是偶然相遇还是如期约会，都要首先睁大眼睛，目视对方，面带微笑，表现喜悦和热情。如果你希望给对方留下很深的印象，就要凝视对方，目光长久交流。

饭局上，与人交谈时，不要不停地眨眼，不要眼神飘忽，不要目光呆滞，更不要怒目圆睁。除去忌讳目光闪烁外，紧紧盯住对方或逼视、斜视、瞟视都是十分不礼貌的，都会使对方产生不信任感和厌恶感。

饭桌上注视他人时，目光交流范围应以对方面部中心为圆心，以肩部为半径。与人交谈应始终保持着目光的接触，这样可以显示出对他人的尊敬，对话题的兴趣。左顾右盼，表示不感兴趣；不看着对方说话表示藐视，或者心不在焉。随着话题、内容的变换，目光应作出及时恰当的反映，或喜，或惊，用目光会意，使整个交谈融洽和有趣。交谈结束时，目光抬起，表示结束。道别时，目光则应表现出惜别。

在发言之前，要用目光环视全场，表示"请注意，我要开讲了"。在正确把握目光交流的同时，还要学会读懂对方的目光语言，了解其内心活动。目光与表情和谐统一，表示专注，谈兴正浓，这些都是目光交流中的要点之处。

在较正式的宴会中，谈话开始时，不要直接盯住对方的眼睛，因为这也许会造成他人不必要的紧张；一句话快结束时再看对方眼睛说："我说的对吗？"若对方还以微笑或点头，则是表示赞许，如若没有表示或目光暗淡，可能说明他持有不同意见。当你高谈阔论时，对方如果频频看手表，其中的意思就在告诉你："你说得差不多了，我有事要先走了。"这仅仅只是与人交往中的一些常见的目光交流，也是比较好掌握的。

著名的戏曲表演大师盖叫天先生在他的《粉墨春秋》一书中，曾把眼神分为如下七类，即：看、见、瞧、观、瞟、飘、眇。他把眼神剖析得很到位，值得我们品味。

第一种为"看"，如在饭局中，你正坐着与人说话，忽然听说某人来了，不知在哪里急忙站起来看一看。这是"看"的眼神。

第二种为"见"，某人你从未见过，别人给你引荐，二人对面，对了，正是他，于是你对他一点头。这是"见"。

第三种是"瞧"，是带点打量、观察的意思，某人的人品如何呢，两眼把他上下一打量。这便为"瞧"。

第四种是"观"，是眼望远处，所谓"远观近瞧"，看的时候，头却略微昂起那么一点，又像远处有什么东西给遮挡住了视线似的。

第五种是"瞟"，是把眼珠转向一边，定住了从眼梢看出去。

第六种为"飘",偷着看一眼的动作,所谓"飘你一眼",心里想看,又不便正看,于是脸朝着别的方向,两个眼珠由下向上在眼眶里打一个圆圈,假装没有看见,可是在转动眼珠时已经看见了。

第七种是"眇",有那么点儿似看不看的意味,比"飘"更轻飘、滑溜,只是用眼睛像阵风似的向你扫一下。

在与人沟通中,眼神的行为表现在一定程度上反映出人内心的情感与态度,按照"影响行为学"划分的标准,共分为三种:眼神不足,眼神恰当,眼神过多。眼神不足的意思很明显,应该看的人你不看,应该用眼神交流时你不交流,应该认真瞧时你不认真瞧,这叫"目中无人"或"若无其事"。这种眼神建议尽量不要出现在饭局中,以免给不熟悉的人造成误会。眼神恰当就是指合理的眼神运作配合合理的情景和对象。眼神过多指不应该看的你去看,不应该瞧的你去瞧,过度使用眼神代替语言等沟通方式,造成的结果一般是"令人反感,产生误会",要么是"深情款款,让人动情",眼神过多的人一般是属于"心灵诗人"。

在餐桌上与人交谈时,用眼神看对方时要遵循"三角法则"。"大三角":双方处于公众距离,而且不太熟悉,或是陌生时,可以虚视对方的头与两肩三点,形成一个虚拟的对视大三角空间,既让对方感觉你在对视他,又不会觉得不自然,这一法则尤其适用于异性之间。"小三角":双方关系一般,处于一米左右的距离的时候,可以采用这种眼神对视方式进行沟通,把他前额两端看成两点，再加下巴处一个点，形成虚拟的三角对视空间，同样可以起到前面所论述的作用。"金三角"：双方关系熟悉，沟通距离比较近，面对面的时候，沟通一方可以把对方的双眼看成两点，鼻子看成一点，三点成线，这个小三角虚拟空间就成了双方对视的区域。当然，别忘了适当地要进行眼神的直接对视，特别是强调谈话内容，或进一步确认对方态度的时候。

眼神交流的艺术很复杂，其中包含了许多不为人知的道理。在饭局中，要慢慢地学习理解对方的心理、情绪和思绪。切忌用贪婪、板滞、阴险、狡诈的目光和人交流，这样的眼神会让原本愉快的饭局变得沉重。眼神应该配合我们沟通的情境和内容有所调整，也要与我们的动作、表情同步，只有做到手到眼到心到，面部表情自然，并流露出自信、自然、精神、真挚、坦诚的目光，才能达到最佳的沟通效果。

学会利用眼神这种语言与人沟通交流，就会让你在应付各种饭局的时候，更加得心应手。尤其是在生意场的饭局上，眼神的交汇尤为重要。一个无助的眼神，可以让自己人来护驾挡酒；一个坦诚的眼神，可以得到生意伙伴的好感与信任；一个告诫的眼神，可以让人意识到自己的错误，及时地打住或者挽回；一个真挚的眼神，可以让你交到更多的朋友；而一位女士冷若冰霜的眼神，也会让前来搭讪者知难而退。

在餐桌上，恰到好处地利用眼神与人进行沟通交流，会胜过千言万语。

合理的饭前催眠，不要让紧张破坏整体气氛

调查表明，95％的人都害怕当众说话，尤其是在正式的场合，如朋友喜宴、同事聚会等。其表现为：没有自信、手足无措、表情不自然，甚至不知道第一句话应该怎样讲，就像"茶壶煮饺子，有口倒不出"。这些都是紧张的表现。

当今社会是一个竞争激烈、快节奏、高效率的社会，因此会不可避免地给现代人增添许多精神上的紧张和压力。适度的精神紧张，可以成为人们解决问题的必要条件，然而过度紧张却会让人错失很多机会。

每一个赴 party 的人，都希望自己的一举一动能牵动周围人士的目光，闪耀着魅力的光环。谁都希望自己是派对中的主角。但在打扮上，奉劝大家谨记：物极必反！除非参加的是一个对服装有特殊要求的派对，比如假面派对或化妆舞会等，否则千万不要为了追求过度的眩目而损毁自己的形象。在大多场合，最重要的还是自然、自在。只要认识自己，知道自己的真正价值，保持自己的独特风格，你就一定可以充满魅力。

在日常生活中，随着社会的发展进步，人们把饭局当成一项不可缺少的内容，但是很多人还是不喜欢参加饭局，虽然明明知道一场饭局可能就是一次机会，很可能改变自己的命运前

途，还是因为紧张害怕而无法迈出第一步。现在的职场新人，经常因工作需要由老板带着参加一些应酬，陪一些领导吃饭。在这种场合，你首先要放松自己的情绪，不要紧张，否则很容易说错话或出洋相。应该专心地跟随着领导的思维走，做好领导的辅助工作，也应认真听其他老板们的意见或想法。当有人敬酒给你时，你的酒杯口一定要比别人低。对领导邀请的客人笑脸相迎，礼貌地记住对方姓名、职务。在需要的时候，给领导打个下手：递烟、倒酒、送纸巾，等等。

如果你是一名女职员，那么请一定谨记，在饭局上并不是越能喝越好，最重要的其实是学会如何把握自己的酒量。一开始你就强调自己的酒量不好，请在场的各位前辈海涵，大家也不会故意为难你的。但是之前你还是做足准备，要针对领导和客人的喜好做相关了解，要保证自己说的话不多但是句句都能够让人家听着顺耳。同时，在大老板面前，更多的是要倾听。即使你对那个话题不感兴趣，你也要觉得对方说得非常到位，并且在中途适当补充你的评价。不要以自我为中心，总是围绕自己展开话题，要尊重他人。另外，要学会记住别人的名字，记住和他（她）最近一次谈话的内容，让他（她）感觉到自己在你眼里是独一无二的。这个本领一定会令你变得人见人爱，拥有无尽的亲和力。饭局中的对话应多赞美别人，要自然且发自内心。仔细聆听别人的谈话的同时表达你的关注，这会让别人对你产生信任感。在与人相处的过程中，自信尤为重要，一个紧张、害羞、缺乏自信的人绝无魅力可言。相反，一个懂得欣赏自己，并善于通过形体语言表达出来的人，一定可以赢得大家的关注和好感。饭局中请记住：假如需要站立时，一定要挺胸收腹，良好的站姿将会让你看起来更加自信。

制造一些机会让自己多参加一些饭局，在饭局中学会主动与陌生人搭讪。有些人，离开这个饭局可能相见的机会并不会太多，所以无论谈话情况怎样，都不需要顾及太多。调整好心态，才能自然地与人交流。

其实，参加饭局时要给自己一个准确的定位，不要低估了自己的能力和价值，不要把所有的紧张全部体现在脸上，只要能调整好自己的心态，从容面对各种变化，告诉自己"就只是吃饭而已，有什么好怕的"，就可以很容易地将自己的能力充分展现出来，随之而来的，就是更加宽广的人脉关系和升职的机会。因此，从现在开始做起，让自信的微笑取代你脸上紧张的云雾吧。

学会察言观色，每个细节都不可小觑

一些人对于参加正式饭局非常头疼，感觉每个人都各怀心事，而过于"单纯"的自己却始终读不懂别人在想什么，也因此在心计的较量中屡战屡败。

不会察言观色，等于不知风向便去转动舵柄，世事圆通也就无从谈起，搞不好还会在小风小浪中翻了船。在饭局中，不能仅靠自觉应对，直觉虽然敏锐却容易受人蒙蔽，要懂得如何推理判断，这才是察言观色所追求的高超境界。

一个人的言谈能透露出他的品格；表情、眼神能让我们窥测其内心；就连衣着打扮、坐姿、手势和一些不经意间的小动作都会在不知不觉之中透露出这个人的脾气与秉性。在这众多方面里，言谈尤为重要，它能向你展示一个人的地位、性格、品质及流露内心情绪，因此，善听弦外之音是"察言"的关键所在。如果说观色犹如察看天气，那么看人的脸色也如"看云识天气"般，有很深的学问，因为总会遇到一些人"喜怒不形于色"。"眼色"是"脸色"中最应关注的重点。它经常不由自主，也经常能告诉我们真相。坐姿和服装同样有助于我们见人于微，进而识别其整体，对其内心意图洞若观火。

学会察言观色确实可以让你在谈判或处事中占据主动权。那么，究竟怎样察言观色，怎样洞察人心呢？

一、学会辨风使舵，才能越行越远

曾经有一位举人，他经过三科，又参加候选，终于获得山东某县县令的职位。在他第一次去拜见上峰时，两人便同桌共餐。餐间，县令想不出该说什么话。沉默许久，忽然问道："大人尊姓？"这位上峰有些吃惊，然而碍于面子，勉强作答了。县令低头又是一阵沉默，突然又说："大人的姓，百家姓中好像没有。"上峰更加惊异，答道："我是旗人，贵县不知道吗？"县令又站起来，说：

"大人在哪一旗？"上峰说："正红旗。"县令说："正黄旗最好，大人为何不在正黄旗？"上峰终于勃然大怒，反问道："贵县是哪一省人？"县令说："广西。"上峰说："广东最好，你为何不在广东？"直到这时，县令才发现上峰早已满脸怒气，于是也只好赶快离去。第二天，上峰令他回去，任学校教职。举人一开始就犯了口误，紧接着他又不会察言观色，从而葬送前程。

如果我们在饭局交际中能够察言观色、随机应变，就可以更好地与人交流。在饭局中我们总会遇见一些意想不到的突发状况，比如，你正在全神贯注地与人交谈，对方手机响了，或者进来一位不速之客。这时，就要学会敏锐地感知这些意外信息的到来，并且沉着应对，做出恰当的处理：你应主动中止交谈，请人优先处理自己的事，不能充耳不闻、继续滔滔不绝地长篇大论下去，这样会使他人陷入两难之中。

如果他人在与你说话的同时，眼睛望向别处，同时有人在小声讲话，这就表明你的出现打断了什么重要的事，而对方心里始终惦记着这件事，虽然他在接待你，却是心不在焉。这时最明智的方法是停下你的谈话，并给出一个最重要的请求告辞："您一定很忙。我就不打扰了，过两天我再来听回音吧！"你走了，他的心里对你既有感激，也有内疚："因为自己的事，没好好接待人家。"这样，他会努力完成你的托付，以此来补报。这样的处理更容易达到沟通的最初目的。

二、善于捕捉"弦外之音"

东晋末年，刘裕军权在握，征战经年，攒足了取晋室而代之的资本。然而当时他领兵在外，无法周密地掌控朝廷，想回都城建康，又苦于没有皇命。于是，心事重重的刘裕设下了一个饭局，邀请手下臣子们前来宴饮。席间，刘裕说，桓玄篡位后，东晋的气数已尽，"我首倡大义，复兴皇室，南征北伐，平定四海，功成业著，随荷九锡"。如今我年岁已高，位极人臣，可人世间最应引以为戒的就是盛满而衰。所以，我想尽早奉还爵位，归老京师。这番话虽是言不由衷，可大伙儿却都想当然地以为老人家年迈操劳，是想休息了，于是纷纷溜须拍马，一味歌功颂德，一直到天黑散席。只有傅亮一人，在离开的路上思考着领导无缘无故请吃饭的原因。难道只是为了跟大家说明他要交出兵权回家养老吗？不对，一定另有玄机！前思后想终于明了其中的缘由，于是赶紧回去叩门请见。见到刘裕后，傅亮并不多话，只说："臣暂宜还都。"刘裕闻言暗自叫好，这小子总算明白了。辞别刘裕后，傅亮立刻赶回都城。不久，刘裕便接到回京入辅的诏书。不用说，傅亮自然是悟出了刘裕想改朝换代的心思，定是在京城做了不少工作，从而帮助刘裕名正言顺地回到朝中。

从这个故事中我们不难发现，察言是很有学问的。人内心的思想，有时会不知不觉在口头上流露出来，因此，与别人交谈时，只要我们留心，就可以从谈话中探知别人的内心世界：

1. 由话题知心理。人们常常将情绪从一个话题里不自觉地显现出来，话题的种类形形色色，若想明白对方的性格、气质、想法，就要揣测话题与说话者之间的联系，从而获得一些有用的信息。

2. 措辞习惯中流露的"秘密"。语言表明出身，语言的差异除了社会、阶层或地理等客观差异外，还有因个人心理差别而显现的心理性措辞差异。种种曲折的深层心理常常会不知不觉地反映在措辞上。即使同自己想表现的自我形象无关，通过分析措辞，常常也可以大概判断出这个人的真实形象，从某种意义上讲，正是潜意识里的措辞才更有说服力，更能显现出其人自身。

3. 说话方式能反映真实想法。一般说来，一个人的感情或意见，都在说话方式里表现得清清楚楚，只要仔细揣摩，弦外之音终究会从言语的帘幕下逐渐浮起。

三、写在脸上的"天气变化"

丈夫小 A 和妻子小 B 刚结婚时，感情非常要好，两人几乎形影不离。可是，随着生活日渐平淡，彼此日渐熟悉，婚后的生活慢慢地趋于单调，再也没有新鲜感了。他们开始为柴米油盐酱醋茶的琐事而吵架。起初小 A 和小 B 一有不满就互相争吵，各不相让，但吵过后两人都坚持不了多久就和好。可是，随着矛盾的增加，吵架成了家常便饭，之后他们谁也不愿再理睬对方，于是进入婚姻中的冷战阶段。但是冷战毕竟不是办法，小 A 和小 B 还要面对家人和朋友，为了不让别人看出来，他们逐渐过渡到有别人在场的时候，彼此表现得很恩爱，一旦只有他们独处时，家里则静悄悄的，互不打扰。渐渐地，没人在的时候他们也开始说话了，但这并不是尽弃前嫌，反而只是因为有些话不得不说。当彼此的矛盾发展到极致，不快乐的表情反而逐渐消失，他们的脸上时常呈现出一种微笑，客气又亲切。难怪一位经常办理离婚案的法官说，当夫妇间任何一方表现出这种态度时，就表明夫妻关系已到了不可调和的地步了。

人类的心理活动非常微妙，这种微妙常会从表情里流露出来。倘若遇到高兴的事情，眉眼之间满是笑意，而一旦遇到悲哀的状况，也自然会泪流满面。不过，也有些人不愿将内心活动呈现在面容上，单从表面上看，会让人判断失误。

比如，在一次洽谈会上，对方很可能摆出一副完全满意的微笑表情，使人很安心地觉得交涉成功了，"我明白了，你说得很有道理，这次我一定考虑考虑。"可是最后的结果却是以失败而告终。

由此看来，我们不能只是简单地从表情上判断对方的真实情感。以表情作为突破口来观察对方心理时要注意以下两方面：

1. 没表情不等于没感情。在饭局中，有些人不管别人说了什么、做了什么，他都摆着一副无表情的扑克脸。其实我们要明白，没表情不等于没感情，因为内心活动倘若不呈现在面部，就会显得很不自然。也许越是没有表情的人，其感情越为冲动。

2. 愤怒、悲哀或憎恨至极点时也会微笑。人们常说的"笑在脸上，哭在心里"正是这种类型。纵然满怀敌意，但表面上却要谈笑风生，落落大方。

四、透过"心灵之窗"读人心

希腊神话里有这样一个故事：若有谁被怪物三姐妹中的美杜莎看上一眼，就会立刻变为石头。其实，这就是神话给人类的眼睛所涂上的神秘色彩。

一个人内心最深处的欲望和情感，首先通过视线反映出来。视线的方向、转变、集中程度等都表达着不同的心理状态。观察他人视线的变化，同样有助于人与人之间的交流。

五、从穿着打扮洞察人心

人降生的时候皆是赤裸之身，通过穿衣来遮羞御寒。从一个人的穿着上就可以察觉出其性格特点：1. 衣着华丽的人，通常非常自我，并且爱出风头；2. 衣着朴素者有时会缺乏自信，时常因自卑感而与人发生争吵；3. 喜欢时髦服装者有孤独感，情绪起伏较大；4. 不理时尚者常以自我为中心，标新立异；5. 突然改变一贯衣着风格的人，有逃避现实的用意；6.另有一类人对流行既不狂热，也不会置之不理，即使改变着装风格也是渐渐实行。这一类人处世中庸，情绪稳定，一般不会做什么出格的事。他们理性多于感性，不会放纵自己的欲望，也不盲从大众时尚。此类人较为可靠，值得结交。

《论语》说："夫达也者，质直而好义，察言而观色，虑以下人。"从幼时起，我们就被教育要懂得察言观色。如今，察言观色已经成为人际交往、游刃职场的必备技能。一个人在谈话中所讲的内容，其肢体表现出的含义，声音的特质，眼神以及穿着都是其心理状态的投影点。这些不经意间表现的细节，在饭局之中尤其重要。它们不仅可以帮助你洞察人心，更有利于你见招拆招、各个攻破，使自己在"局"中处于稳固不败之地。

吃饭本是享受，应酬饭局却需要忍耐

"你吃饭了吗？"这句最简单、最真挚、最亲近的问候从几千年前的文明古国流传至今，始终无法被其他语言所取代。尽管这句话少了一些文绉绉的书卷气息，但其中流露出的亲切感却令人无法抗拒。

一个人的生命，是靠食物和水分来维持的。同是生活在这个世界上的人们，彼此对吃饭却都有着不同的见解。孩子们把吃饭当成了父母留的家庭作业，多半是在父母软硬兼施的催促下完成的；年迈的老人们通常把吃饭当成一种能耐，吃得越多就证明自己的身体越硬朗；很多白领把吃饭当成例行公事，在工作繁忙的时候，吃饭就是对付；而大多赴宴者则把吃饭当成了显耀身份地位的一种方式，尤其是女士们会将自己温柔贤淑的一面展示于众，一面嫣然巧笑，一面朱唇小启浅尝辄止……其实，不管对于怎样的人群，吃饭都算得上是一种享受。

在繁忙的工作之后，为了缓解生活的压力，很多人都喜欢三五成群、四六一伙地凑个饭局。与家人、朋友或是爱人在一起吃顿饭，营造浪漫、温馨的氛围，在这样的温馨里，一整天的劳累和苦闷都会随之烟消云散。

说吃饭是享受，其最高境界在于能吃得尽情尽兴！如今，不论是新婚的小两口还是一个人生活的小白领，在家吃饭的机会都少得可怜。其主要的原因是工作劳累之后，他们不想再透支自己的身体挤进厨房里忙东忙西，更何况自己的手艺也并没有那么好。街边到处是形形色色的小吃快餐，看起来就让人口水直流，去外面吃晚餐又不用洗碗，回家就可以舒舒服服地睡上一觉，何乐而不为。

其实这样的观念本身并没有什么不对，只是他们都忽略了生活中的情调。如果把吃饭当作是一种例行公事般的任务，那吃饭就谈不上是一种享受了。吃饭要营造一些小气氛，来衬托出其中的情调。尤其是80后的新婚小情侣，学会做两道拿手的小菜，在结婚周年纪念日、情人节或周末，小两口一起下厨，共同演奏一场锅碗瓢盆交响乐，岂非别有一番情趣？

有一天经过一条街，发现一个地摊处围了不少年轻的小情侣，受好奇心的驱使，我也走近围观。原来很多情侣都在选购一个大骰子。这个骰子与我们打牌的骰子大有不同，它的六面不是点数，却是买菜、做饭、洗碗、洗衣等家务劳动。看到这一幕，我不由得想起邻居家新婚的小两口。不管工作有多繁忙，每天下班之后他们二人都会提着各类的蔬菜、水果回家，一到家就钻进厨房一阵忙碌，还不时传出嬉笑声。整个厨房仿佛都被他们的热情感染了，变得愈发有声有色。也许他们做起家务来并不娴熟，也许他们做出的饭菜并不是那么美味，但是这种幸福的感觉却令人羡慕不已。其实，幸福不仅仅在终点站，通往幸福的路也是很美妙的。

和亲人、爱人一起动手做饭，然后一起品尝自己的"佳作"，这就是全世界幸福家庭共同的小秘密。

然而，还有另外一种饭局，根本谈不上享受，却是一种煎熬。

一名做营销的朋友抱怨说，如果他接到10个应酬电话，一定至少有7个是不想去的，但是为了工作，却又不得不去。应酬的饭局总是如此让人头疼。

有相关调查结果表明，大多数人在碰到一个推不掉的"应酬"时，感受都是负面的。其中25.8％的人都觉得"很痛苦"，更有多达42.7％的受访者则感觉"很无奈"。饭局不断，看似风光无限，其实受罪连连，聊起吃喝，总是有倒不尽的"苦水"。

人们都说：朋友多了路好走。此话不假，尤其在中国这个人际网如此复杂的环境里，多一个志同道合的朋友就是多一笔财富。然而，要维持朋友关系，总得多联络，一联络应酬就自然很多，也就难免要围饭桌。朋友们平日里工作都很忙，难得一聚，边吃边喝边聊天，一团和气。当然我所说的并非都是酒肉朋友，即使是知心好友，在饭局上谈天说地也是常情。为了应酬，很多人打肿脸充胖子，不会喝酒却拿健康去赌，宁可当酒烈士也不愿丢面子得罪朋友。觥筹交错之间，互相说着或真心或违心或讨好或恭维的酒话，殊不知回到家中有多狼狈！更有甚者，常常因为应酬而忽略了家人。

某天，一位应酬诸多的父亲很晚下班回家，又累又烦，一进门就直接倒在沙发上。5岁的儿子见爸爸回来了，凑上去问："爸爸，你1个小时能赚多少钱？"父亲听了又惊又恼，无奈之下只好告诉孩子，他1小时可以赚100元。谁知，听了爸爸的回答后，5岁的孩子竟然求父亲借他30元钱，父亲因为刚刚结束应酬，心里本就不痛快，就毫不留情地训斥了孩子一顿。然而1小时后，父亲渐渐平静了下来，他意识到自己刚才对孩子的态度太凶了，于是就给了孩子30元。孩子接过钱后高兴得不得了，他转身从枕头下拿出几张被弄皱的钞票对父亲说："爸，我现在有100元了，我可以买你1小时的时间吗？明天早点回家，我想和你一起吃晚饭。"父亲听后，抱起儿子，不禁泪流满面。

愈来愈多的应酬饭局让人们渐渐失去了享受生活、品味美食的快乐，更多的时候，都要忍受推不掉的应酬给身心和家庭带来的巨大伤害。

全国两会上代表委员热议公务员"回家吃饭"问题。委员们认为饭局应酬多，归根到底是一个社会风气问题。全国人大代表、广汽集团总经理曾庆洪建议公务员中午休息都取消，早点上班，也早点下班。

饭局对许多在党政机关工作的人来说，已不再是一个新鲜的话题，而变成了"家常便饭"，甚至是一个"沉甸甸"的包袱，一个无可奈何的现状。我们不禁要思考，"回家吃饭成奢侈"到底反映了什么问题？

如今的公务型"饭局应酬"令代表委员"深恶痛绝"。这其中所折射出的问题值得我们反思，其危害更值得我们高度警惕。显然，过多过滥的公务型"饭局应酬"已经开始让我们的领导干部呈现出一种"透支"精力的状态。它不但减少了领导干部们的业余时间，也在身体上给他们造成了不小的伤害。

站在社会的角度上来看，这其中隐藏着"公款挥霍"之嫌，这样的挥霍其实是一种与党风廉政建设水火不容的不良现象，它会无情地对和谐社会、和谐家庭造成直接的破坏。从诸多的不利因素来看，我们确实需要对过多过滥的公务型"饭局"加以遏制，让领导干部们从公务饭局中得到"解放"。

第三章
不可不学的用餐礼仪

千百年来中国都将知"礼"懂"仪"视为世代相传的优良民族传统。礼仪涵盖生活中的千种万种，就连餐桌上也不可避免：从"排座位"可以看出你是否懂礼数；从"敬酒"可以反映你的社交能力；从"吃相"可以看出你的自身修养。遵从餐桌礼仪，可以有效地展现个人教养、风度和魅力，是学识、修养和价值的体现。可以说，一个人懂不懂得餐桌礼仪，将会直接关系到他各方面的成败。

酒桌礼仪关系着前途发展

一位朋友曾对我讲述他经历的一个饭局：

在饭局中有位长辈主动给某个年轻人敬酒，然而这年轻人竟只是拿起酒杯轻描淡写地晃动一下，淡淡地说"都随意吧"，并且小抿一口就放下了酒杯，自顾自地说话、吃东西。年轻人偶尔也主动站起来敬酒，但在与长辈碰杯时，并不刻意将杯口放于长辈的杯口之下。

事后年轻人的朋友对年轻人桀骜的态度感到很诧异，于是便问道"你不喜欢那位向你敬酒的长辈吗？""不是。""那你是对他有什么意见吗？""也没有。"朋友百思不得其解，最后年轻人说："我就是这样子呀，大大咧咧的，而且当时我不想喝得太多。"原来他并不是诚心或有意地去冒犯谁，更不是为了表达不满的情绪。然而当我们从世俗的角度去看待这件事，这会让人理所当然地觉得他修养不够、不懂礼仪。并不是所有人都愿意花费时间去深入了解他人内心的想法，人们通常只是从一些简单的举动来判断他人。在大家的心中，已经暗自留下了关于他的不良印象，那么日后，他还能指望长辈的提携、朋友的和舟共济吗？就算最终别人会明白他其实本无恶意，但到了那时，想必许多的机会都已经与他失之交臂了。忙碌的现代人，多半都是通过第一印象来记住他人，并且默默地给此人贴上了永久的标签。

工作能力可以在走上工作岗位之后，通过学习和磨练等途径慢慢培养起来。然而，懂礼仪、知进退却是成长过程中耳濡

目染、积少成多的结果。

我们不难发现，如今的独生子女大多从小娇生惯养，正因为种种娇惯，才使得他们习惯以自己为中心，变得蛮横任性、不懂礼貌，当他们走向社会时，往往会因为缺乏礼貌而平白无故地得罪人，并因此大吃苦头。

有些人尽管已经工作了很长时间，也一直勤勤恳恳、认真负责，但却一直不被领导重用，不仅始终没有得到升职提干的机会，反而会轻而易举地被新员工取代。其实，只有端正的品行和正派的作风是远远不够的，在工作中我们需要锻炼的还有热情与自信的心理素质，灵活处事，广泛涉猎知识，不断提升自我，适应变幻莫测的竞争，使自己在职场中始终立于不败之地。

某公司要选举部门经理，领导几经观察，在众多职员中锁定了老刘和小赵两位。老刘在工作上一向任劳任怨，凭着胆大心细的作风，踏实苦干的态度，为公司立下了汗马功劳。但是老刘为人非常耿直，不善于处理与同事及领导之间的关系，虽是老员工，却一直没有得到升职机会；而小赵是新员工，来公司仅一年多，工作虽然尽心尽力，但毕竟工作时间太短，而且业绩也不如老刘，不同的是，小赵为人低调和善，有礼有节，跟每个同事的关系相处得都非常融洽，在同事之中是公认的"好人缘"。

一天下班后，领导邀老刘和小赵二人吃饭。一进包间，小赵就主动请领导坐进里边正对门的位置，而自己坐在门口。

席间，小赵跟领导从篮球到高尔夫，从股票到基金，从历史到哲学，天南海北无所不谈。而不太注意酒席规则的老刘则在一旁沉默得像个局外人。其实老刘也曾多次自我总结，也觉得自己应该改变一下。想到这里，不会喝酒的老刘终于决定要敬领导一杯酒，然而他正要去给敬酒，却发现领导和小赵相谈甚欢，于是心想，领导现在正忙着，打扰了他的雅兴不好，还是再等等吧。结果等了很久也没见领导"闲"下来过。最后老刘只好自我安慰："算了，反正我也不会喝酒，敬酒也只是一个形式而已。工作要的是工作素质，不敬酒，领导应该也可以体谅我吧。"

而与之形成鲜明对比的小赵，则在整个席间适时地向领导及年长的老刘敬酒，并为大家倒酒、让菜。

那餐饭过后没几天，领导就宣布由小赵来做部门经理。原因其实很简单，小赵与人交流时谈吐幽默风趣，话题所涉及的面很广，讲话有板有眼。并且在与领导交谈时，小赵始终态度诚恳，语气坚定，即使有些话带着恭维之嫌，但听起来也丝毫不显做作和虚伪。在进餐时，小赵表现得体而自如，对领导和前辈的悉心照顾更显示出他修养和内涵的不凡，甚至在餐桌的位次安排、让菜、敬酒、倒酒等方面，他也体现出了特有的全局掌控能力。这些正是一个部门经理应该具有的基本素质。

看来，酒桌上的礼仪的确不容小觑，它关系着一个人的前途和发展。

如何安排座次是关键

较为正式的宴会在开始前都需要做很多的准备工作，其中最重要的准备之一，就是要安排座席的次序。不同的情况，座次的安排也有所不同。合理的座位安排，不仅可以体现来宾的身份地位、主次尊卑，还可以传递着主人给予对方的礼遇尊敬。因此，安排座次是宴会之前非常重要的工作。

在中餐宴请时，我们经常采用圆桌布置菜肴、酒水。排列圆桌的尊卑次序，有两种情况：

第一种情况，是由两桌组成的小型宴请，而这种情况又可分为两桌横排和两桌竖排。当两桌横排时，桌次是以右为尊，以左为卑。当两桌竖排时，桌次讲究以远为上，以近为下。这里所讲的左右远近，都是以正门作为参照而言的。

第二种情况，是由三桌或三桌以上所组成的中型或大型宴请。在安排多桌宴请的桌次时，除了要注意"面门定位"、"以右为尊"等基本规则外，还应兼顾各桌之间的距离，以及与主桌的距离。通常，离主桌的距离代表着桌次，越近越高，越远则越低。在安排餐桌时，除去主桌可以略大以外，其他所用桌子大小和形状都要基本一致。为了确保在宴请时赴宴者及时、准确地找到自己所在的桌次，可以在请柬上注明对方所在的桌号，并在宴会厅入口悬挂宴会桌次排列示意图，安排引导员指引来宾按桌就座，或者在每张餐桌上摆放桌次牌。

宴请时，同一餐桌上的排列位次有以下四种，它们往往相辅相成：

1. 主人应在主桌就座，并且要面对正门。

2. 在大型宴请中，每桌都需要有一位代表人。他的位置一般与主人同方向，有时也可以面向主人。

3. 应由距离该桌主人的远近而定尊卑，以近为上，以远为下。

4. 客人与该桌主人之间的位置关系亦可作为尊卑判断，中国讲究右为尊，左为卑。

另外，每张餐桌的用餐人数应限在十人以内，否则不仅容易拥挤，更易因为照顾不周而显得失礼，并且人数最好是六人、八人、十人等偶数。

根据上面四个位次的排列方法，圆桌的位次的具体排列分为以下两种情况：

1. 每桌只有一个主位，即只有一名主人。主宾在右侧就座，每桌只有一个谈话中心。

2. 每桌有两个主位，主人夫妇在同一桌就座，以男主人为首，女主人其次，主宾和主宾的夫人分别在男女主人的右侧就座。这样，每桌就从客观上形成了两个不同的谈话中心。

假如遇到主宾身份高于主人的情况，也可以安排其在主人位子上就座以示尊重。

座位的位序中也大有讲究：

中座为尊：三人一同就餐时，居中者地位高于两侧之人。

右高左低：两人并排就座时，以右为上座，以左为下座。这其实是因为中餐上菜方向多为顺时针，居右者比居左者受到更多的优待。

观景为佳：高档的餐宴中，主人大多会为宾客们准备高雅的演出和优美的风景，此时则以观赏角度最佳处为上座。

临台为宜：宴会厅内若有专用的讲台，则应该以最靠近讲台的餐桌为主桌；若无讲台，则一般以背临主要画幅的餐桌为主桌。

面门为上：用餐时，依照礼仪惯例应以面对正门者为上，背对正门者为下。

各桌同向：如果是宴会场所，各桌主宾都应与主人的方向保持一致。

为了便于来宾正确地在自己的餐桌和座位上就座，除应安排招待人员进行引导外，还应在每位来宾的座位上，事先摆放好来宾姓名座位卡。举行涉外宴请时，座位卡应以中英文书写，按照惯例，中文在上，英文在下。必要时，座位卡应两面书写。

中国人通常会通过分配座位，暗示谁对自己最重要。邀请人可以指定客人的座位。自己的部下或晚辈也可被安排在比自己更重要的位置上。

西餐座次安排和中餐有很大不同。西餐一般都使用长桌。

如果男女二人同去餐厅，男士不仅应礼貌地邀请女士坐在自己的右边，还应注意不可让女士坐在人来人往的过道旁边。若只有一个靠墙的位置，则应先请女士就座，男士则坐在她的对面。如果是两对夫妻就餐，则夫人们一般靠墙而坐，先生们则坐在各自夫人的对面。如果两位男士陪同一位女士进餐，女士应坐在两位男士的中间。如果两位同性进餐，那么靠墙的位置应让给年长者。

西餐还有个默认的规矩：每个人入座或离席均应由座椅左侧进出。另外，对于多人宴会，西方还有一个特殊的习俗，即男女交叉安排，即使是夫妻也是如此。

用餐前品茶的礼节

中国人喜欢在用餐前喝上几杯香醇的茶水。大多饭店都会在等待上菜期间为客人端上一壶飘香的茶，一方面可以先润肠道，另一方面也可以让大家在等待的过程中品茗聊天。一般饭店为客人准备的都是花茶，但也有少数饭店会准备大麦茶。

世人喝茶，目的各异，品味亦有别。其实，喝茶，喝的是一种心境。身心被茶水净化，滤去浮躁，沉淀下的是思绪。茶是一种情调，一种欲语还休的沉默，一种欲笑还颦的忧伤，一种"千红一杯，万艳同窑"热闹后的落寞。品茶之境，需要豁然，如同茶性需要豁然。无论于怎样的场合，和什么人饮茶，都不能过分爱憎。在茶面前，理应包容大气。

品茶又有很多的礼节。招待宾朋最基本的茶道礼仪是每个爱茶人的必修课，让我们在知晓了这些行为规则的基础上，再进一步寻找那古老文化里流失已久的情结。

倒茶也是有讲究的，所谓"高冲水，低斟茶"，讲的就是不得溅出茶水，并且做到每位客人茶水水量一致。无论是大杯小杯，都不宜倒得太满，以示茶道公正平等，无厚此薄彼之意。分茶时，茶杯多放置于客人右手的前方。在给客人倒茶时，通常以斟七分满为宜，留下三分情谊，这是中国茶文化的特殊含义。

品茶时以小口啜饮为宜，切忌一口闷，亮杯底，且不宜发出过大的响声。当然，为了鉴品好茶，让茶汤充分在口腔中翻滚而发出的自然响声，不算作失礼。小口啜饮的好处是，遇到不悦意之茶时，亦不须吐茶。这样的情况难免发生，有时可能因为主人无心地冲泡过浓，坐杯时间过长，或水温没有控制好，也可能是茶叶走味变质。总之，第一口茶汤若当着主人面吐出，则是极大的失礼，甚至被认为是一种挑衅。客人喝完杯中茶，到了"尾头"，应尽快"续杯"。如果发现客人的杯中有茶渣，应该先替客人重新洗杯，或者换杯。

在商务宴请中，关于茶道的讲究就相对少了一些。

首先，茶具要清洁。客人进屋后，先让座，后备茶。冲茶之前，一定要把茶具洗干净，若使用久置未用的茶具则更要细心地用清水洗刷一遍，以免残留污垢杂质。在冲茶、倒茶之前最好用开水烫一下茶壶、茶杯。这样，既讲究卫生，又显得彬彬有礼。如果不管茶具是否干净就胡乱给客人倒茶，会让人觉得很不礼貌。客人看到茶壶、茶杯上的斑斑污迹怎会愿意喝你的茶呢？另外，如果使用一次性杯子倒茶，一定要注意给一次杯子套上杯托，以免水热烫手，让客人一时无法端杯喝茶。

其次，茶水要适量。先说茶叶，茶叶不宜过多，也不能太少。茶叶过多，茶味过浓；茶叶太少，冲出的茶没有滋味。假如客人主动介绍自己喜欢喝浓茶或淡茶的习惯，那就按照客人的口胃冲茶即可。

再次，端茶要得法。按照中国的传统习惯，应该用双手给客人端茶的。但是，现在有的年轻人不懂规矩，用一只手把茶递给客人了事。双手端茶也要很注意，对有杯耳的茶杯，通常是用一只手抓住杯耳，另一只手托住杯底。没有杯耳的茶杯倒满茶之后周身滚烫，双手不好接近，有的同志选择用五指捏住杯口边缘送给客人，这种端茶方法虽然可以防止烫伤事故发生，但很不雅观，也不够卫生，更别说礼貌。请试想，让客人的嘴沾主人的手指痕，合适吗？

最后，添茶要主动。如果上司和客户的杯子里需要添茶了，你要义不容辞地去做。虽然你可以示意服务生来添茶，但由你自己亲自来添则更好，这也是不知道该说什么好的时候最好的掩饰办法。当然，添茶的时候要先给上司和客户添茶，最后再给自己添。

端起酒杯要"留心"

在饮酒特别是祝酒、敬酒进行干杯时，需要有人率先提议，可以是主人、主宾，也可以是在场的其他人。提议干杯时，应起身站立，右手端起酒杯，或用右手拿起酒杯再以左手托扶杯底，面带微笑，目视其他特别是自己的祝酒对象，同时说着祝福的话。

有人提议干杯后，要用右手拿酒杯起身站立。即使是滴酒不沾，也要拿起杯子做做样子。将酒杯举到眼睛高度，说完"干杯"后，将酒一饮而尽或喝适量。然后，还要手拿酒杯与提议者对视一下，整个过程才算结束。

在中餐里，干杯前，可以象征性地和对方碰一下酒杯；碰杯的时候，应该让自己的酒杯低于对方的酒杯，以示尊敬。当你离对方比较远时，用酒杯杯底轻碰桌面，也可以表示和对方碰杯。

如果因为生活习惯或健康等原因不适合饮酒，也可以委托亲友、部下、晚辈代喝或者以饮料、茶水代替。作为敬酒人，应充分体谅对方，在对方请人代酒或用饮料代替时，不要非让对方喝酒不可，也不应该好奇地"打破砂锅问到底"。因为他人没主动说明的原因就等同于他的隐私。

敬酒之前需要斟酒。按照规范来说，除主人和服务人员外，其他宾客一般不要自行给别人斟酒。如果主人亲自斟酒，宾客要端起酒杯致谢，必要的时候应该起身站立。如果是大型的商务用餐，则应该是服务人员来斟酒。斟酒一般要从位高者开始，然后顺时针一次斟酒。如果不需要酒了，可以把手挡在酒杯上，说声"不用了，谢谢"就可以了。这时候，斟酒者就没有必要一再要求斟酒。中餐里，别人斟酒的时候，也可以回敬以"叩指礼"。特别是自己的身份比主人高的时候。即以右手拇指、食指、中指捏在一起，指尖向下，轻叩几下桌面表示对斟酒的感谢。酒应该倒多少才合适呢？白酒和啤酒可以斟满，而其他洋酒就不用斟满。敬酒要掌握好时间，首先应考虑的就是不影响来宾用餐。

敬酒分为正式敬酒和普通敬酒。正式敬酒是指宴会一开始的时候，主人先向大家集体敬酒，并同时说标准的祝酒词。这种祝酒词内容可以稍长一点，但也就是在5分钟之内讲完。无论是主人还是来宾，如果是在自己的座位上向集体敬酒，就要求首先站起身来，面含微笑，手拿酒杯，面朝大家。当主人向集体敬酒、说祝酒词的时候，所有人应该一律停止用餐或喝酒。主人提议干杯的时候，所有人都要端起酒杯站起来，互相碰一碰。按国际通行的做法，敬酒不一定要喝干。但即使平时滴酒不沾的人，也要拿起酒杯抿上一口装装样子，以示对主人的尊重。而普通敬酒，只要是在正式敬酒之后就可以开始了。但要注意是在对方方便的时候，比如他当时没有给其他人敬酒，嘴里不在咀嚼,愿意接受你的敬酒时。而且,如果向同一个人敬酒,应该等身份比自己高的人敬过之后再敬。

敬酒究竟应该按什么顺序呢?一般情况下应按年龄大小、职位高低、宾主身份为序,敬酒前一定要充分考虑好敬酒的顺序,分明主次,避免出现尴尬的情况。即使分不清众人身份高低,也要按统一的顺序敬酒,比如先从自己身边按顺时针方向开始,或是从左到右、从右到左进行等;如果你有求于席上的某位客人,那么对他自然要倍加恭敬。但如果在场有更高身份或年长的人,也要先给尊长者敬酒,不然会使大家难堪。

在中国,敬酒的时候还要特别注意。敬酒无论是敬的一方还是接受的一方,都要注意因地制宜、入乡随俗。我国大部分地区,特别是东北、内蒙古等北方地区,敬酒的时候往往讲究“端起即干”。在他们看来,这种方式才能表达诚意、敬意。所以,自己酒量欠佳应该事先诚恳说明,不要看似豪爽地端着酒去敬对方,而对方一口干了,你却只是“意思意思”,这往往会引起对方的不快。另外,对于敬酒人来说,如果对方确实酒量不济,也没有必要去强求。喝酒的最高境界应该是“喝好”而不是“喝倒”,不要因为醉酒而失礼。

在中餐里,还有一个讲究。即主人亲自向你敬酒干杯后,要回敬主人,和他再干一杯。回敬的时候,要右手拿着杯子,左手托底,和对方同时喝。干杯的时候,可以象征性地和对方轻碰一下酒杯,千万不要用力过猛。出于敬重,可以使自己的酒杯较低于对方酒杯。而西餐则与中餐不同。西餐中用来干杯的酒一般都是香槟，而且西方人只敬酒不劝酒，亦不会真正碰杯。还不可以越过自己身边的人和相距较远者祝酒干杯，尤其忌讳交叉干杯。

说到"敬"酒，其中隐藏一些敬畏和一些情意在其中；说到"品"酒，自然就多了几分享受的韵味在其中；而"拼"酒，无疑又带着豁出去的豪爽劲。

拼酒是门技术，不仅要有好酒量，也有一定的技巧性。首先，与人拼酒要以"攻"代"守"，主动出击，占据主动的位置，避免被动；其次就是要连续作战，不要给对手休息缓气的时间，要在气势上压倒对方。

喝酒要量力而行，如果饮酒过量失去理性而铸下大错，就得不偿失了。古代就有一典故——杜康美酒醉刘伶。刘伶喜欢在醉酒后在大街上裸奔，还自称"以天为衣被，以地为床笫"，以示其雅致高格，与众不同。

要想在酒桌上得到大家的赞赏，就必须学会察言观色。因为与人交际，就要了解人心，左右逢源，才能演好酒桌上的角色。酒宴上要看清场合，正确估量自己的实力，不要太冲动，尽量保留酒力，以免自乱分寸。既不要让别人小看自己，又不要过分地表露自身。应该学会选择适当的机会，逐渐放射自己的锋芒，如此才能稳坐泰山。

剔牙、咳嗽、打喷嚏的讲究

礼仪是人际关系和谐发展的调节器，作为以食为天的中国人，餐桌礼仪更是不可忽视的。在与人交往时按礼仪规则去做，有助于加强人们之间的互相尊重，建立友好的合作关系，缓和甚至避免不必要的矛盾和冲突。在餐桌前擤鼻涕或打嗝都是非常不雅的行为。如果觉得想要打喷嚏或咳嗽，应向周围的人说对不起。要注意的是，在饭桌上剔牙是很不礼貌的行为，这会严重影响用餐者的食欲，并且是素质低下的表现。

有位杨先生前不久刚刚结婚，为答谢好友，夫妻二人在家中设宴，邀请好友前来一聚。新娘的手艺确实不错，清蒸桂花鱼、清炖排骨、可乐鸡翅……一道道菜有模有样地摆上餐桌，好友们吃得津津有味，只不过偶尔有肉刺钻进牙缝。李先生拿着桌上的牙签，当众剔除滞留在牙缝中的肉，还假装"文雅"地将剔出的肉刺吐在烟灰缸内。看着烟灰缸里吐出来的肉刺，杨先生和妻子面面相觑，一点食欲和胃口也没有了。

当食物屑塞进牙缝的时候，不要径自在餐桌上就用起牙签，即使你觉得嘴里好像塞了一块大石头也不要这样做。喝口水，试试看情况会不会好一些，如果还是觉得牙缝塞得紧，一定要剔牙的话，要用餐巾掩住嘴巴。也可以暂时告退餐桌到洗手间。礼貌于人，方便于己，何乐而不为。

有件事情说起来有点像喜剧。记得那是我上学的时候，大家都住在宿舍里面，每当吃饭的时候大家总喜欢谈天说地，慢慢地就养成了习惯。

某天如往常一样，开饭的时候大家边吃边聊，正在所有人都吃得兴致极高时，意外发生了。小刘不知怎么地突然想要打喷嚏，开始的时候他试着忍耐，但是最终还是没能忍住，突然地爆发了！结果可想而知，在他对面的同学脸上衣服上都被喷上了米粒，而其余人看到这个场景都开怀大笑，却也没有了食欲。

现在想起这件事来，依然觉得好笑。但是回过头来想想，如果这一切发生在上午宴会上，将会是怎样一个糟糕的结局。

饭局本应该是一个严肃的场合，并不适合说一些让人开怀大笑的事情，而应该适可而止地交谈。

在饭局中，应尽量避免咳嗽、打喷嚏等不雅举止，以免造成一些不必要的尴尬。所以，当你想打喷嚏或者咳嗽不止的时候，一定要用餐巾掩住口鼻，将脸转向无人的空旷处，以免咳嗽或喷嚏喷出来的唾液或食物喷到别人的脸上、身上。因为这些不仅会显得很失礼，还会给人留下很差的印象，甚至会因此而错失了一份优越的工作，或是一笔不小的生意，乃至是一生的幸福。

中途离席的礼仪

通常情况下,酒会和茶会的时间都很长,大约在两小时以上,有时难免会出现突发状况而不得不中途离席。这时候，离席时的一些技巧，你不能不了解。

为了防止自己离席而引发蝴蝶效应，你应尽量做到不引人注目，当然，也不须和身边的朋友们一一告别。

只要做到以下九点，那么你的离席或是缺席就能得到主人的理解：

1. 如果可能，尽量在宴会开始前安排好离席时间，向主人提前交代大约可以停留的时间，并说明需要提前离席的理由。这样，主人心中有数，便不会觉得失礼，反而觉得你进退有度。

2. 参加宴会一定要准时，若有特殊原因需要延迟，则应提前电话告知宴会主人，以免众人因你一人而挨饿，也可避免耽误大多数人的行程安排。

3. 在宴会上应按照餐桌礼节行事。待主人敬完主宾和重要客人，并且发表祝酒词以后，你应该择机向主人敬酒，否则不可随意离开。

4. 若事先没有说明需要中途离席，那么即使有再着急原因，也要在"酒过三巡，菜过五味"以后。切忌随便地吃一口菜就走，这会让主人非常难堪。

5. 如果事先已经和主人说明提前离开的原因，那么，中途离开时则不必再次说明了，只须向身边一两个人轻声道别即可。

6. 切忌惊动众人，尤其不能问其他人是否需要和你一起提前离开。因为在宴会上，总会有些人想离开却苦于找不到早退的理由。如此询问很可能让原本热闹的场面因你而提前散了场。

7. 如果你的不拘小节在无意之中影响了宴会，宴会的主人一定觉得难以谅解，或许还会由此与你成了冤家。因此，一个有良好教养的人决不应该犯如此低级错误。

8. 在主人与你送别时，请一定尽快与其握手告别，千万不要因为主人的客气礼貌就喋喋不休，耽误他招待其他的宾客。

9. 假如你参加的是重要的公务活动，那就必须看清主人、弄清宴请范围和主题再决定是否需要早退，以免得罪领导或其他重要客人。如果只是朋友间的礼节性聚会，则可以说明理由适当早退，并找机会弥补缺憾，以"负荆请罪"。

席间交谈的话题和礼仪

从古至今，中国人都无法摆脱讲关系、讲人情的社会现状。从来没有哪个国家如中国这般，每个人的社交往来、人生成败，都与饭局有着千丝万缕的关系，甚至整部历史与政治都少不了饭局的推动。官场，商场，名利场，请托办事，联络感情，商场搏杀，权钱交易，凡有人处，就有饭局！因此，懂得饭局里交谈的潜规则在这个社会里显得尤为重要。饭局在中国承载了太多太多。

而饭局中的人们，也身兼数职。一张嘴，要吃、要喝、更要说！语言交流必定是重要于吃喝的。一个人的谈吐往往体现了他的学识涵养。想在饭局中展示自己、达成目标，就必须懂得驾驭其中的谈话。那么饭局中应怎么把握谈话的要领呢？

首先，"独乐乐不如同乐乐"，切忌悄悄私语。我们应尽量多谈论普遍接受的话题，不要造成曲高和寡的局面。因为个人爱好、知识面有所不同，所以话题尽量不要太标新立异，避免唯我独尊、神侃无边，忽略了众人。在众人面前窃窃私语也是非常不礼貌的，不仅不会给人以神秘感，还会让人觉得你们之间有小群体、小勾结，会大大地影响饭局整体效果。

其次，"沉默是金，幽默是银"，你可以选择倾听，因为聆听是一门艺术。如果想要表达，则应该尽量诙谐幽默。酒桌上最可以显示才华的莫过于言语。有时，一句恰当而诙谐的话，会让人无形中领略你的修养和交际风度，并且对你产生好感。因此，何时该说话，何时该说怎样的话，都是饭局中应该思考的事情。

饭桌上的谈话术到底应该如何修炼呢？

饭桌上想办成什么事当然就想聊什么话题了。但是在开始的时候应该适当地扯七扯八，多说一些不相干的东西。在这个过程中，你可以默默地察觉对方所感兴趣的关键点。在接下来的聊天中，就可以针对他人的兴趣，说更合适的话。比如很多领导在工作中都觉得自己很有方法，却偏偏不知如何管教孩子。这时如果你能针对这个问题和他聊天，领导的兴致就会被你轻松地带起来，这样的谈话有助于增加你在领导心中的好感。

一个以谈生意为目的的饭局，500 句话中，最好只有 2 句话跟目的有关，而且这句话什么时候说，如何说得恰如其分，都是能否成功的关键点。这些，需要经验，需要在实际过程中慢慢揣摩，总结规律。

有些人没有掌握在饭局上谈生意的要点，往往开门见山地说："××，今天我请你吃饭，其实就是为了这个事儿。" 对方就会应和说："不就是做个生意的事儿嘛！我知道了。"请客的人还是不踏实，很可能继续追问："那以后我就找咱们部门的王经理吧，是不是王经理在办这事？" 客人很可能会不耐烦，但碍于面子也只好回答。既然对方已经说了要落实，如果再没完没了地追问"我们什么时候再见面谈一下",这就太失礼了,很可能让对方难以与你交谈下去,甚至会影响合作。

若想在饭局中成为受人瞩目的宴会达人,就一定要把握好交谈的主题,学会用宽广的知识面、幽默诙谐的语言吸引众人的目光,另外还要加上有理有据的点评和真诚的态度。做到这些,相信你一定可以在饭局中游刃有余。

如何买单才能提高身份

中国人对"买单"一词,是非常熟悉的。三天两天就会碰到两个字叫"饭局",跟朋友一起聚餐,如何做到混在人堆里吃饭,既有面子,又可以非常有面子地不买单,又或者如何买单才能提高身份呢。这其中着实有很多技术性的问题。

李小帅是个急性子,血气方刚,脾气一上来,更是碰火即着。最近他遇到了一个十分清秀的女孩,女孩的性格也如其外表一样很温婉动人,很像古时候的大家闺秀。于是他动了心。

终于有一天,李小帅忍不住了想要去对这女孩表白,但听说这女孩喜欢稳重、有涵养的异性,想到自己的性格,他很害怕遭到女孩的拒绝,因此整天愁眉苦脸。下午,李小帅去姐姐家串门,遇见了经常因公务在外应酬的姐夫。看到满面愁容的弟弟，姐姐和姐夫自然要关心一番。这一打听才知道原来是怎么一回事。

社交经验丰富的姐夫为小舅子出了高招，让小舅子约这女孩一起吃饭。餐桌上的礼仪也一一地教给了小舅子，看着小舅子一次次地演习后，姐夫满意地点了点头。

第二天，李小帅鼓足了勇气约女孩一起共进晚餐，令他意外的是女孩竟欣然地答应了。餐桌上的李小帅按照姐夫的指导，做得有模有样，女孩对他的表现也很满意。

本来李小帅与女孩约好了晚餐结束后要一起去看电影，哪想俩人聊得太投机了，竟然忘了看时间。眼看电影就快开场了，李小帅心急之下，火爆脾气又不加遮掩了，赶紧叫服务员来结账，不巧赶上用餐高峰时间，服务员都忙得不得了。见服务员没有马上来结账，李小帅立即按捺不住了，手里握着钱，扯着嗓子大声嚷嚷道："服务员，买单，我买单听见没？！"这一喊，招来了不知道多少白眼。

女孩见李小帅做出这么失礼的事，自然觉得面子非常挂不住，于是便找借口拒绝了原本约好的那场电影，一个人回家了。

我们应该做到所谓的善始善终。李小帅的失败就在于，进餐开始时他都做得非常好，可是就在这顿饭即将结束时的失礼，给女孩留下了不好的印象，结果前功尽弃。

那么在用餐结束后，究竟应该怎样结账，才能给你的同伴和餐厅里的其他人留下好的印象呢？通常说来，用餐完毕准备离去时，要利用服务人员经过你身边的机会，轻声唤住他，并且很有礼貌地告诉他："请帮我们结账。"如果因为用餐者过多服务人员没有及时地走近，不妨耐心地等待几分钟，这样会显示出绅士风度，并且给人感觉沉稳大气。

有许多人，饭局可以持续一两个小时，买单却等不了一二分钟，看到四周没有服务人员便提高噪门大叫买单，或者高举钞票挥来挥去。这样一来，就会显得很没有修养。因为个别人的大吼大叫，其他人的用餐氛围肯定备受影响。

还有一点需要注意的，那就是餐后结账的工作，绝对是男士的专利。即使这次应该由女士请客，或实行 AA 制，女士亦应将钱交给男士，并由男士招请服务人员结账。此习惯乃是饭局买单的隐性规则，切忌逾越。

此外，除非餐厅有特别的规定，否则买单时应该坐在自己的座位上。跑到柜台前掏钱结账既不雅观，也不合乎大多餐厅的礼节。

第四章
如何打造宴会上的人气达人

　　酒桌在中国的作用不可小觑，通过这个平台，你不仅可以充分地展示个人才华、学识、修养和交际风度，还可以用你的诙谐幽默、大方甜美给他人留下深刻印象，使你赢得更多的青睐和好感。因此，我们应该注意宴会中的一言一语、一举一动，不要因小失大，应从细节打造宴会场上的人气达人。请你相信，只要你有足够的自信，你也可以是宴会上最耀眼的人。

依宴会形式，穿出独特气质

　　宴会的服装一般比较讲究。如果是较为正式的宴会，主人在发送邀请函时一般会提前注明着装的建议。不同的场合对服饰的要求各有不同，总体来讲，整洁得体是任何场合的基本着装条件。宴会服装，虽不是经常穿着的衣饰，但在生活上，仍须依自己的情况，准备两件或多件。尤其服装和配饰都具有组合搭配的功能，因此，少量的服饰也可以达到惊艳的效果，这些得体的搭配，可以让你在不同的场合不失礼仪，也不喧宾夺主。

女士在添购宴会服装前，建议留心以下四个要点：

1. 选择服饰时，可以结合当下最流行的服装类杂志，或其他刊物的服饰专栏，例如《时尚》、《ELLE》、《时装》等重视流行讯息的时尚专业杂志，也可以参看实用穿衣哲学与要领的文章。一方面了解穿衣打扮的基本礼仪，一方面把握时尚前沿。在提高自己的鉴赏力同时，潜移默化地也提高了在宴会场上的魅力人气。

2. 着装最主要的是适合自己。当今市场上服饰千变万化，选择最适合自己身材与风格的，才是最好的。建议形成自己独特的风格，并发掘与之吻合的品牌系列，这样在选择服饰上就会容易很多。

3. 要考虑到服饰是否具有可搭配性，很多时候，百搭的服饰可以花费最少的金钱收获最大的美丽效果。简约而精致的洋装可以搭配协调色系的蕾丝刺绣外套，另外也可加上独具特色的典雅披巾，或者考虑一下别致华丽的胸花。种种细节组合，都可以体现你的巧思及品位。

4. 定期整理筛选自己已有的宴会服饰，再根据场合差异、主客身份等多重考虑，选择性地补充具有新意的单品，来修饰已有服饰的不足，增加亮点。在可能的条件下，应提前了解宴会的层次及赴宴宾客的穿着要求。例如一般婚宴场所，新人当然应以大礼服的主角身份出席；而双方父母，则是第二主角的身份，自然也应以正式宴会服出现；男士着深色西装及色彩协调的衬衫领带，并配上主婚人的胸花；女士应以中式袍装，组合式长裙式的宴会装为主。若是一般的朋友聚餐则可以选择相对柔和的套装或亮丽浪漫的洋装，再搭配具有女性风格的手提包，就可以轻松营造温馨亲切的气氛。

对于女士着装，我们可以对比中式与西式礼服的不同来进行合理的选择。中式服饰中的袍装或组合晚装都在于突显女性优美的曲线，并且平添很多古典的唯美韵味。在正式国宴或婚宴里，中式礼服代表着隆重。而西式宴服，则大多款式俏丽，做工精致。选择这类礼服时可以根据个人的喜好寻找能够很好地陪衬个人气质的款式。在商业宴会中，西式礼服往往成为年轻女子的钟爱之选。

男士在选择参宴服装时就要相对容易得多，但还是有一些必须注意的禁忌：

1. 裤腰不宜过高或过低：高腰裤装也许是女士的时尚，但若出现在男士群体中，就会显得不伦不类、滑稽可笑。而低腰裤装则多少显得不够正式和庄重。

2. 裤子不宜太长或太短：合身的裤长应该满足这样的条件，

即在轻微屈腿时，裤脚刚好落在脚踝的位置；

3. 袜子同样显露品位：很多人都有一个误区，觉得西装、衬衫等显眼的服饰需要重点把握，而袜子这样的小细节却随心所欲，这其实是大错特错的。袜子同样需要合理地搭配。穿正装皮鞋时，不可穿运动袜，而要穿羊毛袜或丝袜；袜色不能鲜艳夺目，一般以深色为宜；袜腰要高且松紧性要好，否则容易在不经意间给人留下不雅的印象。

为什么有的人在宴会中如鱼得水，而有的人却经常被人"冷落"？我们要明白，宴会作为现代人的重要社交场合，是应该被认真对待的。

穿"对"衣服是着装的基本要素，打扮得有型有调才是酒会装扮的重点要素。正式商务酒会需要隆重的正装登场，半正式酒会讲究的是主题与大胆尝试流行元素的协调，娱乐聚会PARTY酒会是个性亮相的好渠道，而休闲主题酒会需要切合主题，舒适自然地强调自我性格。"人靠衣装，佛靠金装"，针对不同酒会分别穿着不同风格的服饰，才会让你在任何时候都自信耀眼。

妆容和饰品可以大大提升品位

一个人如果想在饭局中突显自己的魅力与品位，除了要充分考量服装以外，还不能忘记用妆容和饰物贴切地搭配整体造型。这些细节往往决定造型的成倍，不恰当的妆容和配饰会显得极不协调，不仅不会为美丽加分，反而会将你原本的装扮大打折扣。

　　小黄是一个相貌出色的女孩。一天，她与好姐妹小陈前去参加一场较正式的宴会。小黄此为选择了一身非常前卫的衣服，并且搭配了时尚的手环、造型独特的戒指、闪亮的项链、新潮的耳坠，甚至还在头上戴了不少镶钻的发卡。在她的努力装扮下，镜子中的自己终于变得光彩照人。小黄想，今天一定可以成为众人的焦点。而她的姐妹小陈，却只是穿了一条很素雅的连衣裙，在胸前别了一朵简单却别致的胸花。然而在宴会中，相貌平平、穿着简单的小陈却比小黄更加引人注目。小黄百思不得其解，搞不清楚为什么自己如此精心打扮，却没有得到预期的效果。

我们总结其原因为：

　　第一，这场宴会较为正式,过于前卫的装扮会给人一种张扬、压抑、凌乱、不稳重的感觉；

　　第二，虽然小黄很漂亮，但是过多、过乱的配饰不但没有起到美化的作用，反而有些"喧宾夺主"的意思，掩盖了小黄的姿色。

在打扮自己的时候，一定要尽量让自己的形象与出席的场合协调。在选择饰品和搭配妆容的时候，一定要遵循如下几点：

1. 饰品：适当地装饰，可以画龙点睛；过分地雕琢，却会画蛇添足，掩盖了自己的气质光芒。你可以选择某一种作为聚焦的饰品，并且拿掉其他的多余装饰，不要让自己的衣着像圣诞树一样琳琅满目却没有焦点。耳环、项链、手表、手链、胸花、胸针都不宜过分炫目，另外，还要注意皮包及鞋子的协调性，过分夸张，只会掩盖自己的气质。

2. 妆容：除了基本的彩妆外，可依服装的色彩，增加配套的流行眼影，可以是金银粉或亮光眼影，可以通过加强眼线、假睫毛来提高神采，配上透明光泽唇彩，甚至贴上拉风的小钻，都会加强晚宴的华丽效果。另外，也可喷一些魅惑但不刺鼻的香水，以求完美。

男士的饰品选择虽不如女士那般花哨和繁多，但其每一件饰品都是身份和价值的象征，在搭配饰品的时候要注意以下几点：

1. 领带不宜过长或过短：合理的领带长度应该为 56 英寸左右。即使是身材较高大的男士，领带长度也应控制在 60 英寸以内；

2. 皮带不可或缺：皮带最为男士的必备之物，通常象征着其品位，因此千万不能忽视皮带在着装中的重要性；

3. 戒指选择有讲究：戒指是身份与地位的象征。一枚精致大方的戒指可为您增添几分高贵，但过大或过于奇特的戒指则会显得俗气。

　　不论出席哪种宴会，合乎角色的穿着都是一种礼节。在社交宴会中，符合个人特质的品位装扮，自然而然散发出的自信和内敛，才是属于你的独特魅力，而这些，将使所有人为你赞叹。

宴会上传递微笑的无穷魅力

　　相信很多朋友都有过这样的经历：经常被推不掉的饭局缠身，同一餐桌上又往往聚集着不曾谋面的陌生人，没有共同的经历，没有共同的嗜好，很多时候都只能相视而笑，连打招呼都觉得生疏。

　　其实，我们应该学会用一个微笑来化解与陌生人之间的冷漠与尴尬。微笑是这个世界上通用的语言和符号，它如一丝春风、一束阳光。不分种族，不分国界，只要你投入一丝真诚的微笑给你所面对的人，他都会感到一种发自心底的惬意。没什么比你的微笑更完美。

　　一次美丽的邂逅，一句温馨的问候，甚至一个会心的眼神，都令人感到身心的愉悦和轻松，让人以诚相待。微笑，是一个人愉快时情感在脸部的自然反映，微笑是一种精神力量，微笑是改善人际关系、增加信任感的必备法宝，微笑更是一面镜子，反映着你自己的道德修养和情操。俗话说："笑一笑，十年少。"其实，微笑不仅能让你年轻，还是一座沟通人际关系的桥梁，一剂化解人们矛盾的良药。

人世间最美的表情就是微笑。微笑能拉近人与人之间心灵的距离，所以请不要吝惜你的微笑。也许，你不经意的一个表情，就会给人以自信和鼓励，也让你变得更加友善、亲切。

在宴会中，请主动将真挚的微笑传递给身边的每一个人。也许只是一个不经意的表情，就可以卸下人与人之间的那张陌生而又冰冷的面具。

在某饭店的西餐厅，一位德国客人在点菜时误将"牛排"说成了"猪排"，菜上席后一品尝，他连连摇头。服务小姐问明原因后，立即返回厨房，将"猪排"换成"牛排"，端上餐桌时对客人歉意地微笑："先生，实在对不起，是我服务不周到。"客人连忙摆手道："小姐，这不是你的错，是我的疏忽。"小姐莞尔道："先生，请品尝牛排，如果不满意，我再给您换一盘。"客人频频点头道谢，事后，他对同事们赞叹道："我有机会再来此地时，一定还要来这家饭店，再次领略小姐微笑服务的风采。"

微笑可以缩短人与人之间的距离，为深入交往创造温馨和谐的氛围。因此有人把笑容比作人际交往的润滑剂。在所有的笑容中，微笑最自然大方，最真诚友善。世界各民族普遍认同微笑是基本笑容或常规表情。

在宴会中，保持微笑，至少有以下几个方面的作用：

1. 真诚友善。微笑因愉快而产生，并带给人愉快。适时地微笑可以反映自己心底的坦荡和善意，令人感受到你所散发的真情实意。

2. 心境良好。快乐的人才能让别人快乐。微笑不仅为了给别人看，更是一个人懂得善待人生的体现。试问，又有谁不愿意和乐观向上的人相处呢？

3. 充满自信。面带微笑，表明了你对自己的充分信心，以不卑不亢的态度与人交往，会令人对你刮目相看。

雨果说："微笑就是阳光，它能消除人们脸上的冬色。"微笑不仅能让人驱走心灵的阴霾，还会让人变得友善。真正的微笑是发自内心，渗透着自己的情感，表里如一，毫无包装和矫饰的。当然，微笑应该自然得体，切不可无笑装笑，皮笑肉不笑，以免弄巧成拙，适得其反。

真正的微笑被人们誉为"解语花，忘忧草"，是人们行走社交场合的通行证。有位成功人士曾半开玩笑地道出他的成功秘诀："如果长相不好，就让自己有才气；如果才气也没有，那就学会让自己微笑。"所以，在饭局中决不要吝惜你的微笑！

"面带三分微笑，礼数已先到。"微笑有其与生俱来的魅力，能使人相悦、相近，进而相知、相惜。微笑很简单，但却体现了一种快乐的心境，体现了一种难得的修养，也传达着某种敬意和尊重，某种关怀和问候。

请学会利用微笑，因为这不仅仅是你的快乐，更能让他人对你所怀的顾虑消失殆尽。也许有些人喜欢在饭局中装酷，也有人喜欢独处，但不管怎样，相信人们永远不会拒绝一个善意真挚的微笑，因为那是来自内心的声音。

在宴会中，请试着发自内心地微笑，即使是面对陌生人亦是如此。同样，你也会换来一个微笑。既然能在茫茫人海中，共同围坐在一张餐桌上进餐，就是有缘，为了这份来之不易的缘分，也为了将自己的人脉之路拓展得更宽广，请不要吝惜你的微笑！微笑，是人类最基本的待人之道。

学会用手表达你的感情

茨威格曾在他的小说《一个女人一生中的二十四个小时》中，描写了人的双手，描绘得细致入微，却又惊心动魄。他曾经说过："在泄露感情的隐秘上，手的表现是最无顾忌的。"

如果说眼睛是心灵的窗口，那么手就是心灵的触角。俗话说："十指连心，心有所思，手有所指。"人们常常喜欢在这个复杂的社会里伪装自己，不让他人看透自己的内心和情绪。然而手，却常常恰如其分地暴露了一个人所刻意隐藏的真实心理。一个满心怒火的人，会不自觉地攥紧拳头；一个紧张的人，即使表面隐藏得再好，手亦会不由自主地颤抖；一个焦躁不安的人，会下意识地来回揉搓双手；而一个害羞或是胆怯的人，则通常会抓衣角和发稍，又或者不停地扶眼镜。

人们往往忽略了手的语言功能，也很难做到收放自如。因此很多时候，人们为了不被察觉心里的漏洞，只能把手藏起来。其实，手是最不容易掩饰的地方，因为灵活到了下意识都无法控制的地步。因此，"手是人的第二张脸"说得很贴切，而且这句话并非只形容女性。

握手是一种礼仪，人与人之间、团体之间、国家之间的交往离不开握手。这个简单的动作也因此被赋予丰富的内涵。一般说来，握手表示友好，可以沟通原本隔阂的情感，可以加深双方的理解、信任，可以表示一方的尊敬、景仰、祝贺、鼓励，但同时，也能传达出一些人的淡漠、敷衍、逢迎、虚假、傲慢。团体领袖、国家元首之间的握手往往象征着合作、和解、和平。在我们成长的过程中，握手也许不计其数，然而印象深刻的可能只有几次：第一次见面的激动，离别之际的不舍，久别重逢的欣喜，误会消除、恩怨化解的释然，等等。

在宴会中，人们通常都会先握手，再加以寒暄。与陌生人也好，与久违的朋友也罢；在餐前也好，在宴后也罢。握手，都是一种礼节。

我们应当从伸手的先后、握手的细节、相握的禁忌等三个方面加以注意：

一、伸手顺序：在正式宴会中，握手都讲究"尊者居前"，即身份较高者应首先伸手过来，否则会显得失礼。

具体而言：女士同男士握手时，应由女士首先伸手。长辈同晚辈握手时，应由长辈首先伸手。上司同下级握手时，应由上司首先伸手。另外，宾主之间的握手则较为特殊。当客人抵达时，应由主人首先伸手，以示欢迎之意；当客人告辞时，则应由客人首先伸手，以示主人可就此留步。

二、握手细节：在握手这一看似简单的过程中，其实有很多细节需要注意：

1. 神态。应当以专注、认真、友好的神态与他人握手，通常应目视对方双眼，面含笑容，并且同时问候对方。

2. 姿势。最为礼貌的握手应在距对方 1 米左右的位置主动伸出右手，握住对方的右手手掌，上下稍微晃动一两下，并始终保持晃动垂直于地面。

3. 力度。与他人握手，一定要把握好力度。用力过重会使对方难以接受而产生反感，若用力过轻，则难免有怠慢对方之嫌。

4. 时间。在普通的场合，与人握手应持续 3 秒左右最为合适。

三、相握禁忌：在正式场合与他人握手时，主要有以下五点禁忌：

1. 切忌用左手与人相握。以左手握手通常会被认为是非常失礼的举动。

2. 切忌戴手套与人相握。只有女士才允许在社交场合戴着薄纱手套与人相握，其他情况均应主动脱下手套。

3. 切忌戴墨镜与人相握。戴墨镜总给人以设防的感觉，在握手这样坦诚交往的过程中，戴墨镜的情况更是不应出现的。

4. 切忌用双手与人相握。只有熟悉的朋友之间才可以用双手相握。对于一些初识之人，尤其当对方是异性时，两手紧握对方的一只手是有欠妥当的。

5. 切忌以脏手与人握手。双手干净是与人握手的基本条件，以脏手、病手与人相握，都会给对方留下不好的印象。

在赴宴的时候，握手就体现出了其特有的意义。只有发型、礼服和容貌是不够的。一个有修养的人，一定会有礼貌地与人握手。手是人的第二张脸，我们应该学会用这第二张脸，表达自己的敬意，传递友好的信息，展现自己的涵养。

低调一点，宴会上不可太锋芒毕露

法国著名作家莫泊桑有一部作品叫作《项链》。这部作品所讲述的是：

女主人公罗塞瓦德夫人非常虚荣，她为了在一次宴会上出风头，特意从女友那里借来了一条"钻石"项链。当她戴着这条闪亮耀眼的项链出现在宴会上时，成功地引起了全场人的赞叹与奉承。罗塞瓦德夫人在这场宴会中出尽了风头，她的虚荣心也得到了极大程度的满足。然而不幸的是，在回家的路上，这条项链竟然遗失了。为了按时归还项链，罗塞瓦夫人举债三万六千法郎买了

一条一模一样的交到了女友手上。之后，她整整十年节
衣缩食才还清了债务。而颇具讽刺意味的是，这时女友
却惊诧地告诉她，当初借给她的那条项链并非钻石的，
只值 500 法郎。

罗塞瓦德夫人为了成为宴会中的焦点，为了让自己出尽风
头，不惜"打肿脸充胖子"向朋友借项链，而这条项链在满足
她虚荣心的同时，也着实令她吃尽了苦头。

很多人也有着"罗塞瓦德夫人"心理，喜欢出风头，总是
想要借助饭局来表现自我，引起别人的注意，却不知奢华的高
调往往并不能如期望中那般益处多多。在生活中，我们很需要
低调，因为那不但是一种勇气，更是一种智慧。在一个饭局里，
如果你保持低调，虽不会引起别人的注意，也不会有人主动与
你交谈，但你却可以站在旁观者的角度，更好地观察别人，看
得更清楚，更明了。从另一方面来讲，很多时候遭人妒忌的理
由其实非常简单，就在你炫耀或是洋洋自得的时候，你就已经
成为了别人的敌人。

最近办公室新转来一位女同事小孙，然而令人不解的
是，办公室其他的女士们对这位新人颇有微词。经常看
到其他女士们在工作闲暇之余三三两两地凑在一起，有
说有笑，而小孙则独自一人，被孤立出局。

这是为什么呢？

原来：每逢大小饭局，小孙都会特别用心地为自己搭配服饰，甚至连指甲都会精心地雕琢一番。席间，无论同事间谈论些什么，她都会轻易地搭上话，几乎所有的话题无她不知，无她不晓。在工作中，对于领导分配的任务，小孙也喜欢大包大揽在自己身上。小孙为人过于张扬，喜欢在别人面前出风头。

久而久之，小孙也就成了办公室女士们的"公敌"。大家都觉得她太爱显摆，太爱出风头，令人很反感。毕竟没有谁会甘心为别人做配角，那么爱抢风头的人被孤立也就可以理解了。

努力把自己最优秀的一切展现出来是理所应当的，然而凡事都应讲究适可而止，锋芒毕露反而会给同事留下激进的印象。如果凡事都要争个"先手"，时不时再来个"抢跑"，很可能会使自己在竞争中陷入进退两难的不利地位。

所以，想在饭局中左右逢源，想在人生的道路上走得更远、更好，就必须学会低调，学会照顾他人的感受。只有适当地将优越感让给他人，才会得到别人的好感。俗话说"枪打出头鸟"，太爱出风头的人不但无法被一个集体所接纳，还有可能会为自己惹来不必要的麻烦。

谈吐优雅，让你成为宴会上的"范儿"

语言作为一种表达方式，通常随着时间、场合、倾诉对象的不同，而展现出多样的信息与色彩。而餐桌谈吐的关键就在于尊重对方和自我谦让。

与外表、相貌等相比，谈吐更能体现一个人的内在修养。然而值得注意的是，伶牙俐齿的人，常心软好善；而慈眉善目者，却往往心狠手辣。手势和表情都是谈吐的好帮手，但在讲话时，切不可将偏执、冲动和孤傲的味道加入其中。优雅的谈吐固然令人艳羡，但平凡却心口相应的语言也令人乐于接受。

显然，谈吐并不只是嘴上功夫。唯有不断修炼性情，强化素质，摆正自己的位置与心态，才会谈吐不凡。

出于真诚的交谈，犹如喜闻乐见的芳醇，沁人心脾；来自敷衍的交谈，如同滞涩的窝头，难以下咽。不恰当的谈吐其实遗害无穷，很多人因此而丢了朋友、家庭、前途乃至生命，令人无法不为之惋惜。有的人会在虚荣心的驱使下，头脑发热，一时冲动，做出很多不合时宜的事情。他们生怕自己被人看扁了，于是大力吹嘘自己。殊不知，在他们肆意的大话和谎言中，已将自己的身份压到了最低。

餐桌不但让人们品尝到了美食，也为人们交流信息、增进感情提供了理想的互动平台，但如果在餐桌上言语不妥，就会失去餐桌本身带来的机会，甚至使原本和谐的氛围黯然失色。身在"饭局"中，说不定你的某一句言语就会使大家牢记在心，所以在与人交谈的时候应该始终保持谦虚谨慎的态度。

餐桌谈吐的基本原则是尊敬对方和自我谦让，主要包括以下几个方面：

1. 态度诚恳亲切：与人交谈中，给人印象最深的，并不是语言的内容，而是说话的态度与方式，因为在聊天过程中，谈话双方都会默默地观察彼此的表情与神态。因此，诚恳亲切的态度是一切交谈的基石。

2. 措辞谦逊文雅：在措辞中，应多使用谦语和敬语。内谦外敬，礼仪自行。

3. 语音语调平稳柔和：语言与人的心灵有很大关联，内心柔软平静的人，讲话则通常是温言软语，令听者舒服而欢喜。因此，应该在平时多加注意个人的思想修养，只有这样，才能在关键的谈话中做到言语有致。另外，还要注意眼神的交汇，用真诚的微笑感动他人。

4. 把握讲话分寸：在人际交往中，善意的、诚恳的、赞许的、礼貌的、谦让的话应该说，且应该多说。恶意的、虚伪的、贬斥的、无礼的、强迫的话语不应该说，因为这样的话语只会造成冲突，破坏关系，伤及感情。语言交际必须对说的话进行有效地控制，掌握说话的分寸，否则即使有些话出自好意，也可能产生糟糕的结果。

5.注意交谈忌讳：交谈中我们应时刻谨记"六不问原则"，即不询问年龄、婚姻、住址、收入、经历、信仰。另外，涉及疾病、死亡、灾祸等不祥之事的话语也应尽量规避，除非对方主动提起。浅交不可深言，言多必失。

6.控制谈话姿态：与人谈话时，首先要做到的是双方应互相正视、互相倾听，不要东张西望，左顾右盼。谈话过程中眼睛不应长时间盯住对方的某一位置，这会让人感到不自在。谈话姿态不要懒散，亦不应该面带倦容，这都会令人觉得你心不在焉，或是傲慢无礼。

餐桌上的谈吐文明十分重要，这也是餐桌文化的重要内容之一。有些时候，一场原本温馨的聚会，往往因为一些人不堪入耳的黄段子让诸多宾客不欢而散。谈吐文明是餐桌文明的第一要素。而谈吐文明的第一个要素则是"慎言"，除了文明有礼，还应注意不要在餐桌上泄露单位或国家的机密。有的领导平时对秘密守口如瓶，而到了餐桌上却放松起来，向他人透露上级领导私密、单位人事安排内幕，或是自我炫耀，边吃边大肆传播道听途说、似是而非的新闻。在餐桌上无原则地将内部事情公开化，只会造成同事之间、上下级之间，甚至单位或部门之间关系的紧张；传播小道消息，只会使真实的信息变为不真实；擅自泄露单位或国家的秘密，在给单位、国家带来危害的同时自己也将为此付出代价。因此，在饭局上一要管住自己的嘴巴，不该说的坚决不说。遇到他人不慎言语时，要采取适当方法给予婉言提醒和劝阻，以免造成不应有的危害。

优雅的谈吐能成为职场、生意场上的制胜法宝。在餐桌上，我们每个人都要举止文明，谈吐优雅，讲礼节，多谦让，吃得舒心，吃得开怀。这就是吃饭的艺术，这就是中国的餐桌文化。

积攒日常小见闻，成为宴会大赢家

小李是一个相声迷，他非常喜欢听相声，就连平时与人聊天也总是模仿相声演员的样子。除此之外，他还特别热衷于上网，总是把网上的新鲜事加上幽默的语言，作为饭局上的小段子来与大家分享。每一次他所讲的内容都新鲜有趣，即使是很平淡的事，通过小李的讲述，也会惹得众人大笑不止。所以，但凡有饭局，大家总是喜欢叫上小李。久而久之，小李成了朋友圈里有名的活宝，饭局中不折不扣的红人。

我们都知道，一场饭局里，最重要的就是活跃的气氛，最要不得的就是尴尬的冷场。因此，能在饭局中讲述幽默段子，引大家开心的活宝都会比较受欢迎。一个善于利用日常各种见闻、趣事做文章、搞气氛的人，绝对是带动宴会中气氛的核心人物。

在很多饭局中，大家都会礼貌性地与一些初次见面的人进行简单的沟通交流，然而有些人在一番明知故问之后，总会出现冷场的尴尬情形。其实只要掌握了方法，交流并没有那么难。生活中的见闻是很好的谈资，然而并不是所有见闻都适合在餐桌上谈。

以下有几点关于话题的建议：

1. 围绕社会生活，寻找谈话"兴趣点"。在这个包罗万象的社会里，你总会或多或少的发掘一些感触最深的事，在谈话的最初，将这些记忆中的关键点罗列出来，引发他人的兴趣，会促使谈话更顺利地进行下去；

2. 围绕兴趣爱好，寻找谈话"共鸣点"。有了第一步的兴趣做铺垫，引发共鸣就相对容易许多，你可以针对他人表现出的兴趣点发表合理的意见和看法，以此产生共鸣；

3. 围绕事业追求，寻找谈话"闪光点"。找到了共鸣，才是真正的办事好时机。在这时谈论事业和追求，不仅会使谈话热火朝天，更可能为自己赢得可遇不可求的良好机会。

所以，我们应在平时就多读书、多看报、上网阅览新闻以及奇人轶事，只要积攒足够的小见闻，就可以轻松避免宴会上的尴尬场面，让自己成为餐桌上的焦点人物、社交达人。

切勿仰仗自己的身份特殊而目中无人，这样只会让自己没有面子，失去人心。

人生如"局"，尊重别人提升你的人气

其实人生正如一场大饭局，想要在人生的道路上走得更好、更远，就要学会尊重别人，善待别人。仰仗自己身份特殊而要大牌、目中无人、不尊重别人的话，最后只会换来自己没有面子、没有自尊，最终失去了人心。所以，尊重别人，不仅仅是公德，更是从心灵深处在乎别人的做法，这种彼此重视比公德更为重要。

俗话说得好：尊重别人就是尊重自己。只要你主动尊重别人，就会获得别人的尊重。

在职场中，有极少数的职员自高自大、不把别人放在眼里。殊不知，职场竞争如此激烈，能跟你站在一起的，都不会逊色许多，即使你确实出类拔萃，但终究会有不及他人之处。因此，过于自我陶醉往往会令你看不清自己的弱点。

而有的员工，在选择对象的时候总是戴着"有色眼镜"，这即是所谓的"势利眼"。那些对他升职加薪起决定作用的人，例如上司、董事，他都无比尊重；然而对待身边的同事，他就会分出三六九等来，比他优秀的，他会尊重，因为这些人有可能晋升成为他的上司；跟他同一水平的，则爱理不理；比他差的，就更不屑一顾了。

其实，越是小人物，越在乎别人对自己的态度。你不尊重他，

不但得不到他的尊重，还会得到传播漫天的坏话。俗话说，好事不出门，坏事传千里。仅仅因为不尊重一个你认为无足轻重的同事，就被损毁了声誉，受到他人贬低，真的不划算。况且，小人物之中也会有藏龙卧虎之辈，说不定哪天平步青云。因此，在尊重他人方面，是不应戴着"有色眼镜"的。

在一个跨国企业中，曾发生过这样一个故事。市场部的小吴前不久因为工作出色，被特批调去总经理办公室作秘书。小吴不仅在市场走向方面有着独到的见解和判断，还特别善于察言观色。很多时候，他都可以提前察觉领导的意思，不等总经理安排，就可以将资料等准备齐全。因此，短短的几周，他便得到了总经理的重视和好评。

然而深受领导重用的小吴，却是一个不折不扣的两面派。对待自己的上级，他总是很礼貌，并且可以努力揣摩他们的心理，顺其心意行事。然而对待身边同事，态度却截然不同。在小吴的心里，他才是老总身边的红人，因此对待同事时，他时而爱理不理，时而颐指气使。

过了不久，公司里开始出现关于他的传闻，众人都在议论小吴即将晋升为总经理助理。而小吴自己听到这些，自然是心花怒放。与此同时，他也变得更加会讨好上级，也更加看不起同事。

就在他即将晋升时，发生了这样一件小事。

那天，传达室的女工小李前来送报纸，不巧，拿给小吴的报纸没有放稳，掉在了地上。小李本想替他捡起，没想到小吴竟语气不善地呵斥道："你是怎么做事的，快把报纸捡起来！"这时，女工自不甘示弱地回击道："请你把态度放尊重点！"小吴却冷笑着说："一个送报纸的，还得怎么尊重？"女工气急，摔门而去。

小吴并没有将这件事放在心上，依然安心地等着晋升的到来。然而出乎意料的是，他却突然收到了一纸调令，就这样被撤回市场部了。

小吴找到老总，心有不甘地问："我想知道我做错了什么。"老总平静地说："你还不成熟，还需要在基层锻炼。相信你回去以后，一定能够好好锻炼自己，把工作做得越来越好。"

小吴垂头丧气地回到了市场部，开始了无波无澜却也没有盼头的日子。后来，他才从别人的议论中得知自己被调离的真正原因。原来那位看似普通的女工小李，竟是老总的乡下表妹。

发生在小吴身上的事情也许只是巧合，但却告诉了我们尊重他人的重要性。其实，尊重同事是一种工作态度，也是职场、饭局必备的素质，于人于己都有益而无害，何乐而不为呢？

第五章
做一个在饭局中左右逢源的人

没有饭局的人生是不完整的。每个人都想在饭局中拥有良好人缘，享受如鱼得水的感觉。小饭局中的大智慧重点在于如何处理人际关系。想要得到别人的认可，想要在饭局中颇受欢迎，需要真诚、热情、幽默、会劝酒、会打圆场。

测试一下，你是一个受欢迎的人吗？

每个人都希望自己受人欢迎，也希望自己能够在宴会成为左右逢源的宴会达人。现在，调整一下心情，先来作一个心理测试吧，了解一下自己的受欢迎程度。你选择饮料的过程，就可以显露你想要的结果。

逛了一天的街，走得又渴又累的你，会选择一杯怎样的饮料来解渴呢？

A. 清香宜人的绿茶

B. 香甜可口的奶茶

C. 口感细腻的酸奶

D. 冰冻冒泡的汽水

E. 没有味道的矿泉水

F. 酸酸甜甜的果汁

选择 A：你性格内向，与不熟悉的人交往会感到羞涩和不自然。在朋友圈子里，你不爱出风头，也不喜欢发表自己的见解和意见，因此常常会被别人忽略。为人低调不是不好，只是可能会丧失很多结交新朋友的机会。如果你想改变这种状况，最好多参加朋友之间的聚会，不要总是一副腼腆的表情，尝试一下主动和别人搭讪吧，相信你的人缘马上增加不少。

选择 B：你活泼可爱，风趣幽默，是朋友眼中的开心果。别人与你相处会感到轻松自然，就算到了全是陌生人的聚会上你也会吃得很开。但是你大大咧咧的性格会让别人感到有点靠不住，因此向你袒露心声的朋友并不多。如果你想得到更多的真心朋友，建议你在与别人交往的时候表现内敛一点，认真倾听别人的感受，那么别人才敢对你敞开心扉的。

选择 C：你给人的感觉是孤芳自赏，不了解你的人可能觉得你不太顺眼，因此很多刚认识的人在交往初期都不敢亲近你。但是，当彼此相处过一段时间之后，他们就会发现你原来是一个用心对待朋友的人，外表的冷酷只是因为你不善言辞而已，因此你的朋友都是要经过长时间接触才发展起来的。其实，只要你能对不熟悉的人也多一点笑容和亲切的关心，相信你的人缘一定会更好。

选择 D：你没有做领导者的潜力，在朋友圈子里却常常是最受欢迎的人。因为你思想单纯，没有太多的心机，而且还有一副天生的热心肠，总是大公无私地为别人着想。你出于真心对别人好，又善于协调各方面的人际关系，所以很容易得到朋友们的信任，在朋友当中有很好的口碑。但是，做人有时要多个心眼才行，否则被人利用你的善良就不好了。

选择 E：你成熟而理智，对别人的防御心很强，与人交往时的一言一行都是经过深思熟虑的结果，有时难免会让人觉得你很深沉，爱耍心计。其实，你只是出于自我保护的本能，并没有太多的害人之心。但是，别人不可能了解你的想法，对你有所误会是很正常的。如果你想得到更多人的认可，就不要把自己搞得太刻意，多点与别人谈心聊天，随意一点才能令你增加人气。

选择 F：在朋友眼中，你是十足的大孩子，天真可爱，自然而不做作。也许因为这样，一直以来朋友们都会有意无意地迁就你，造成了你很少顾虑别人的感受，只在乎自己的喜恶，因此有时会给人一种刁蛮任性的印象。其实你的人缘已经很不错，但是如果你想更上一层楼的话，就要学会控制自己的情绪。不要忘记，除了你的父母，没有人可以长期容忍你的坏脾气。

想要在一场饭局中左右逢源，拥有一个比较好的人际圈，你就要学会怎样去处理好一些基本的人际关系。我们在与人相处的时候，更要十分留意自己的言行，以便将准确的信息带给对方。

养成主动打招呼的习惯

在参加饭局的时候，有很多人并不重视打招呼，还有些人不愿意先向别人打招呼，怕被别人认为太殷勤，是不是有所图。熟悉的人，觉得用不着每次看见都打招呼；而陌生人，又怕打招呼对方认不出自己来，会造成尴尬难为情……其实，我们完全没有必要顾虑这些。打招呼是联络感情的手段，沟通心灵的方式和增进友谊的纽带，所以，要有效地打招呼，首先应该是积极主动地跟别人打招呼。

养成主动跟人打招呼的习惯，可以大大提升你的受欢迎度。主动打招呼既可以表达对对方的尊重，给对方留下深刻而又美好的印象，又能直接体现出施礼者良好的素质和修养。

东西方通用礼节：1.点头礼，也就是颔首礼。点头礼的做法是头部向下轻轻一点，同时面带笑容。注意不要反复点头不止，点头的幅度不宜过大。点头礼适用的范围很广，如路遇熟人或与熟人、朋友在会场、剧院、歌厅、舞厅等不宜交谈之处见面，以及遇上多人而又无法一一问候之时，都可以点头致意。

行点头礼时，最好摘下帽子，以示对对方的尊重；

2. 举手礼。行举手礼的场合，与点头礼的场合大致相似。这种礼节，最适合向距离较远的熟人打招呼。行举手礼的正确做法是右臂各前方伸直，右手掌心向着对方，其他四指并齐、拇指叉开，轻轻向左右摆动一下。不要将手上下摆动，也不要在手部摆动时用背朝向对方。

3. 脱帽礼。戴着帽子的人，在进入他人居所，路遇熟人，与人交谈、握手，进入娱乐场所，或在升国旗、奏国歌的场合时，应自觉摘下帽子，并置于适当之处。女士在一般社交场合可以不脱帽子，不会被人认为是失礼行为。见面的礼节，要视具体的情况而定，不能生搬硬套。其实，作为重要的见面礼，握手的地位也不容忽视。

西方礼节：1. 拥抱礼。拥抱礼的动作要点是，两人面对面站立，各自举起右臂，将右手搭在对方左肩后面；左臂下垂，左手扶住对方右腰后侧。首先各向对方左侧拥抱，然后各自向对方右侧拥抱，最后再一次各向对方左拥抱，一共拥抱 3 次。在普通场合行此礼，不必如此讲究，次数也不必要求如此严格。在西方，特别是欧美国家，拥抱礼是十分常见的见面礼与道别礼。在人们表示慰问、祝贺、欣喜时，这种礼仪也十分常用。

2. 亲吻礼。亲吻礼，是一种在西方国家人们常用的会面礼。有时，它会与拥抱同时采用，即双方会面时既拥抱又亲吻。在行礼时，双方关系不同，亲吻的部位也会有所不同。长辈吻晚辈，应当吻额头；晚辈吻长辈，应当吻下颌或吻面颊；同辈之间，同性应该贴面颊，异性应当吻面颊。接吻仅限于夫妻与恋人之间。需要注意的是，行亲吻礼时，非常忌讳发出亲吻的声音。如果将唾液弄到对方脸上，是非常尴尬的事情。

3.吻手礼。正确的吻手礼是：男士行至已婚女士面前，首先垂首立正致意，然后以右手或双手捧起女士的右手，俯首用自己微闭的嘴唇，去象征性地轻吻一下其指背。

这种礼节，主要流行于欧美国家。其特点，决定了它宜在室内进行。吻手礼的受礼者，只能是女士，而且应是已婚女士。手腕及其上其下部位是行礼时的禁区。

东方礼节：1.作揖礼，即拱手礼，是华人中最流行的见面礼。行礼方式是起身站立，上身挺立，两臂前伸，双手在胸前高举抱拳，自上而下，或者自内而外，有节奏地晃动两三下。作揖礼主要适用于过年时举行团拜活动，向长辈祝寿，向友人恭喜结婚、生子、晋升、乔迁，向亲朋好友表示无比感谢，以及与海外华人初次见面时表示久仰之意。

2.鞠躬礼。行鞠躬礼时，应脱帽立正，双目凝视受礼者，然后上身弯腰前倾。男士双手应贴放于身体两侧裤线处，女士的双手则应下垂搭放在腹前。下弯的幅度越大，所表示的敬意程度就越大。鞠躬礼目前在国内主要适用于向长者表示敬重，向他人表示感谢，常见于领奖或讲演之后、演员谢幕、举行婚礼或参加追悼会等活动。鞠躬的次数，可视具体情况而定。唯有追悼活动才用三鞠躬，在喜庆的场合，鞠躬次数不可为三。

3.合十礼，亦称合掌礼，即双手十指相合为礼。具体做法是双掌十指在胸前相对合，五手指并拢向上，指尖与鼻尖基本持平，手掌向外侧倾斜，双腿立直站立，中身微欠，低头。可以口颂祝词或问候对方，亦可面含微笑。但不能在行礼时手舞足蹈，点头不止。行此礼时，合十的双手举得越高，越体现了对对方的尊重，但原则上不可高于额头。

中国人见面喜欢互相问候，而且越是先问候别人，越显得热情、有教养，知礼、明礼。例如工作中最普遍的是"你好！再见！"等话，有时再加上一句恰当的称呼，如："李师傅，您好！""刘大哥，再见！"就会显得亲密。当然随着社会的发展，人们观念的变化，招呼、问候的语言愈发丰富，但其中最重要的不是说什么，而是主动的态度。

选择招呼的方式、语言要考虑环境、场合因素，通常问候之后，人们会很自然地行见面礼，以示友好。这时你要注意依照自己的身份来选择是否施礼或行哪一种的礼节。在日常生活中，关系密切的人之间可以运用轻松、随意的招呼方式和语言，而在工作、社交乃至国际交往中就应该选用较正式的招呼方式和语言。如办公室的普通职员面对高级别的来访或洽谈业务者时，一般不需要放下手中的工作，热情趋前行礼。即使需要，也要以本民族的见面礼节形式为佳。

在大街上打招呼，三四步远是最好的距离，男子可欠身或点头，如果戴着帽子须摘去。与人打招呼时，切忌叼着烟卷或把手插在衣袋里。

男性先向女性致意，年轻人（不管男女）均应首先向年长者致意，下级应向上级致意。两对夫妇见面，女性先互相致意，然后男性分别向对方的妻子致意，最后男性互相致意。

女性在各种生活场景中，均应主动微笑点头致意，以示亲和。

与少数民族及信奉宗教的人打招呼，应根据当地的宗教信仰及招呼习惯。如与信奉伊斯兰教的人打招呼，首先应用"真主保佑"以示祝福，否则会引起不必要的麻烦及误解，而影响双方的正常交往。

与西方人打招呼时避免中式用语"你上哪儿去""你干什么去"等，在西方人看来，有涉人私事之嫌，是失礼的语言；更不应说"吃饭了吗"，否则被误认为你想邀请他一起吃饭。

了解了打招呼的必要性以及打招呼的常识与禁忌之后，在出席各类饭局的时候，就不要抹不开面子。主动地与人打个招呼，不但能显示出你的对人的尊重，同时也提高了自身的价值。如果饭局中有老朋友前来参加，主动起身迎上去握个手；如果在饭局中见到了很眼熟却又想不起来的究竟在哪见过的人，可以行一个点头礼；若是邻座坐下一个陌生人，可以行一个点头礼或是微笑礼……

在饭局中主动地打个招呼并予以问候，是非常有必要的。

礼仪体现一个人的自身修养，体现一个民族的素质，一个人的礼仪修养水平，能使其行为举止留给人们美好的印象，有助于人们获得交往活动的成功。

巧妙地寒暄，不冷落任何一个人

走进社会，必须要学会应付饭局。许多活动都是在饭桌上，边吃边谈：交流信息、分享生活乐趣、求人办事，等等。在饭局中，问候和寒暄虽然是一些单调而且简单的话语，但是却不可忽视。因为它是交谈的催化剂，能够在彼此之间架起一座桥梁，满足人们的亲和心理。

寒暄在饭局人际交往中的作用是十分重要的，而不恰当的寒暄很可能会弄巧成拙。寒暄的关键首先在于话题的选择，什么样的话题是恰当的寒暄话题呢？答案很简单，应该是那些比较容易引起对方兴致的话题。

贝尔纳·拉迪埃是空中客车飞机制造公司的销售能手，当他被推荐到空中客车公司时，面临的第一项挑战就是向印度销售飞机。作为销售代表，拉迪埃深知肩上的重任。这是一项棘手的任务，因为这笔交易已在印度政府初审中被驳回。能否重新寻找到成功的机会，全看销售代表的谈判本领了。

他稍做准备就立即飞赴新德里。接待他的是印度航空公司的主席拉尔少将。拉迪埃到印度后，见到他的谈判对手后说的第一句话是："谢谢你！正因为你，使我有机会在我生日这一天又回到了我的出生地。"这是一句非常得体的开头语，它简明扼要，但是却蕴涵着丰富的内容。它表达了好几层意思：感谢主人慷慨赐予的机会，让他在自己生日这个值得纪念的日子来到贵国，而且贵国是他的出生地。这个开场白拉近了拉迪埃与拉尔少将的距离。不用说，拉迪埃的印度之行取得了成功。拉迪埃靠着娴熟的销售技巧，为空中客车公司创下了辉煌的业绩：仅在1979年，他就创纪录地销售出230架飞机，价值420亿法郎。这当中，也少不了他善于寒暄的功劳。

在饭局中，寒暄的效果，会直接影响着整个谈话的过程和这场饭局的成功与否。因此，绝对不能轻视寒暄的重要性。

初次见面的第一句话，是留给对方的第一印象。说好说坏，关系重大。说第一句话的原则是：亲热、贴心，消除陌生感。

常见的有以下几种方式：

1. 朴实的问候。"您好"是向对方问候致意的常用语，也是最真挚最朴实最容易让人接受的问候。如能因为对象、时间的不同而使用不同的问候语，效果则更好。对于德高望重的长者，应该说"您老人家好"。

2. 拉关系、套近乎。《三国演义》中写鲁肃见到诸葛亮的自我介绍就是："我，子瑜友也。"这样就很容易拉近彼此之间的距离。其实，任何两个人，只要留意就不难发现双方有着这样那样的联系。

3. 表示敬慕。对初次见面者表示敬重、仰慕，这是热情有礼的表现。用这种方式必须注意：要掌握分寸，恰到好处，不能胡吹乱捧，不说"久闻大名"、"如雷贯耳"之类的过头话。表示敬慕的内容也应该因时因地而异。

与陌生人交谈时，最好寻找对方也熟悉的人和事，以此牵线搭桥，引出话题。同陌生人交谈，要学会在交谈中没话找话的本领。我们可以巧妙地借用彼时、彼地、别人的某些材料为题，借此引发交谈。

寒暄的时候需要注意以下几点：

第一，选择合适的话题，巧妙寒暄。一般在饭局未开始的时候，无论是生人还是熟人，大家总是免不了要寒暄几句，而寒暄的话题则是关键。

1. 医疗保健，这也是人人都感兴趣的话题。例如，你可以借自己身上的某类病症为由，谈论自己的医疗经验："某某新上市的药品很好用的，但是某某药品又出现了什么问题。某家医院的某位医生医德不错，可是另一家医院的医生出现了什么医疗事故。"流行病的医疗防御，延年益寿的诀窍，增强体质的方法，都可以成为饭局中寒暄的话题。当然，经常出入于饭局的女士更关心如何可以快速减肥，即使这些女士们并不胖。因此，不妨和这些女士谈论一些流行的减肥话题，例如"我听说某某牌减肥茶特别管用"或者"我妹妹去的某某减肥健身中心非常棒",等等。

2. 儿童教育,购物经验,夫妇、婆媳之间的相处之道等,这类话题通常是家庭主妇们尤其关心的话题。你可以跟别的主妇交换意见,比如对待孩子:"我家孩子特别调皮,总也管不住。你家的孩子那么听话,真给你省了不少心吧?"

当然,除了以上几点,还有很多内容可以作为寒暄的话题,这要因人而异。若是与宗教教徒聊天,不妨以宗教的信仰等作为寒暄的话题;若是与球迷、股民、歌迷、影迷交谈,那么就要选择对方的喜好为话题。

第一,主动、热情、诚实、友善是寒暄的基本态度。寒暄时选择恰当的方式和合适的语句是非常必要的,但这合适的方式、语句的表示,还有赖于主动热情、诚实友善的态度。只有把这三者有机地结合起来,寒暄的目的才能达到。如:在某饭局中,当别人用冷冰冰的态度对你机械地说"我很高兴见到你"时,你会有一种什么样的感觉?当别人用不屑一顾的态度夸奖你"你真是精明能干"时,你又会是什么样的心情?所以,在与人寒暄时,一定要注意自己的态度,不要过于机械。

第二,寒暄要把握尺度,适可而止。做任何事情都应有个"度",当然寒暄也不例外。恰到好处的寒暄有益于与对方的交流,但是没完没了的寒暄,会让人生厌。有语言经验的人,总是善于从寒暄中找到契机,因势利导,言归正传。

在饭局中,寒暄其实就是交谈的热身运动,寒暄是在为交谈做准备。寒暄可以使双方得到放松，变得亲近。通过巧妙地寒暄，便可以更加了解对方，找到彼此共同关心的问题，有利于接下来的深入交谈。所以在饭局中与他人谈话时，切勿轻视寒暄的作用。

谈话时要避开别人的隐私和缺憾

俗话说得好，"矮子面前别说短话。"别人有生理上的缺陷，或者是刚刚遭遇了生活的打击时，你都要多加注意，若出口伤人，很容易使人心生怨恨。注意忌讳，避开"雷区"，千万不要哪壶不开提哪壶。另外，当着"矬子"，不仅不说"短话"，而且要专门找"长话"来说，毫不吝啬地赞扬对方的长处和优点，巧解对方的心结。这样，谈话才会投机，沟通才会顺畅，人际关系才会和谐温馨。

很多人都喜欢在饭桌上谈论别人的是非，尤其是酒至半酣，嘴便没有了把门的。

小周和小秦都在北京的某公司工作，因为二人是同乡，所以二人走得很近。两人经常在下班后相约喝上几杯，酒后便口无遮拦，无所不谈。

一次，小周、小秦与其他两位同事一起吃饭。吃饱喝足后，小周提议要划拳，大家就也跟着玩了起来。小周划拳的技术却不佳，几局下来喝得晕头转向。爱讲话的小周又管不住自己的嘴了，在同事面前揭起了小秦的短。其他同事也全当是笑话听了，都没太在意。

没想到自尊心极强的小秦却觉得面子挂不住了，当即与小周发生了争吵，随后两人便厮打起来。同事们一看这可不得了，立刻起身将二人拉开。

小秦后来回到家后越想越气便喝起了闷酒。他越想越憋屈，在酒精的作用下，小秦最终失去了理智。他从厨房拿了菜刀冲向小周家，将喝得烂醉如泥的小周砍成重伤后逃跑。当小周被发现的时候已经因失血过多而身亡了。

仅仅是因为酒后逞一时的口舌之快，便招来了杀身之祸，的确是得不偿失了。小秦的做法也许有点极端，但是这件事却为我们敲响了警钟。不管怎样，拿人家的短处作为餐桌的话题，甚至作为取乐的手段，都是极其不道德的行为。

很多时候，我们会有这种感觉：在某个特定的场合，我们往往不知道自己该说些什么话题才是适宜的。说者无心，听者有意。有时候只是一句无心的玩笑话，却伤害了一个人。

有几名大学生趁着周末的空当去爬山。大家一口气爬到最高峰，俯瞰全城，心中不免有些兴奋，于是兴致勃勃地议论起来。

"快看快看！那是国贸大厦，那边是人民广场！……"

"看那边，我看到我们学校了，图书馆，后面是我们文学院……"莹莹兴奋地指着远处，掩藏不住心中的喜悦。

"怎么我看不到呢？"一名近视眼的女同学略带不悦地说，"我们两只眼睛都看不到，莹莹你可是一目了然，比我们都强。"

谁知近视眼同学这话一出口，莹莹脸色突变，眼泪噼里啪啦地夺眶而出。

大家马上意识到近视眼女生说话有些过火了。因为莹莹有一只眼睛残障失明。她小时候有一次在石灰池边玩耍，不幸掉到池里，造成终身的缺憾。而那句"莹莹可是一目了然，比我们都强"，正触到她的痛处。虽然在大家的一再安慰下，莹莹的情绪得以缓解，但莹莹却与那名女生之间的关系明显变得生疏了。

永远记住，要管好自己的嘴巴，很多隐私和伤心事往往让人难堪和不悦，甚至愤怒，所以请不要去触及，否则会引起别人的反感，伤了和气。不要在饭局中大肆谈论别人的是非，因为有时候一不小心的口误很有可能会触犯了对方的忌讳。而触及对方的隐私和痛处则可能会非常容易地伤害到对方。人人都有自尊心，希望能够得到别人的尊重，都不愿意别人来揭开自己的伤疤。

人无完人，每个人都会有不愿别人触及的缺憾、隐私和伤疤，在交谈中，我们须尊重对方，注意不触动人家敏感的神经。

身处"局"中，你要八面玲珑

很多时候你在饭桌上说的某一句话，做的某一件事被某个别有用心的人牢牢记住，成了八卦新闻，流传于办公室或者朋友圈中，让你感到十分难堪。因此，你需要注意你在饭局中的言行，努力做到八面玲珑，不要给人留下任何话柄。

张小姐初入职场不久，但凭借着丰富的处世经验，在职场中奋斗得颇为顺利。

有一次张小姐陪领导吃饭。饭局的气氛很不错，大家吃得都很愉快。

酒过三巡，一位客人喝得有点多，借着酒劲问张小姐的领导："听说你们公司每年的收入都不少啊，不知道你们的税务是不是也按时处理啊？"

面对如此唐突的问题，领导一时愣在那里。要知道，生意场上是忌讳谈论这种问题的。张小姐见此情形，端起酒杯来到那位客人面前，笑容可掬地说："先生这个问题问得很有深度啊，让我们领导有些为难啊。这样吧，您把这杯酒喝了，我来回答您的问题，您看怎么样？"

那位客人把酒喝了，等着张小姐答话。

张小姐笑盈盈地说："是这样的，我们公司呢，虽然做生意多多少少赚了些钱，但是各种开销花费也很大。不过最大的花销当然要算是上缴税收了，谁让我们公司缴税准时又保量呢？"

一席话说得在座的人哈哈大笑，那位提问的客人也跟着笑笑就过去了。

在饭桌上的举止谈吐很能显出一个人的品位。那么，究竟怎样做才能让自己在饭局中做到八面玲珑，给大家留下一个好印象？

1.穿着得体：一般的饭局不需要穿得太华丽、太花哨，但要干净、整洁、得体，正式的饭局中不要让自己抢了主角的风头。

2.尽可能赞美别人：在饭局中你要尽量赞美别人获得的成绩，即使是很小的成功，你的赞美也会如同久旱后的一场甘霖，你的赞美永远都不会是多余的。

3.不要迟到：在接受到饭局邀请的时候，如果你答应了，就一定要准时出席，不要迟到更不要失约，如果有可能的话可以提前一点到场。

4.言谈举止要得体：在饭局中要大方、亲切、热情，一方面要切忌"傲气"，另一方面也要避免过于"谦卑"，还应注意不要过于随便。

5.拒绝别人的时候要委婉一些：饭局中劝酒之人大有人在，如果你真的不胜酒力，不要直接拒绝别人，那样无疑是驳人面

饭局人脉学
跟谁吃·怎么吃·吃什么

子，用一些婉转的方式来推掉更合适。

6. 不要卷入是非漩涡：饭局中人多口杂，难免会有一些人喜欢说长道短，评论是非，而你能做的事就是既不参与议论，也不散布传言，免得卷入是非漩涡。

7. 巧妙闪避你不确定的事：在饭桌上与陌生人交流的时候，不要直接回答"不知道"或者胡乱回答，你可以用一些拖延的方式来巧妙地闪避开这类问题，必定不会有人那么不知趣地没完没了地纠结这些事。

8. 随手之劳：不要以为饭局中的斟酒倒茶这些小事情会降低你的身份，往往就是这些大家都不愿意做的随手之劳，就可以将你的人缘儿大大提高。

只要在饭桌上时时注意上面的内容，并能做到持之以恒，你就可以在各类饭局中做到八面玲珑。当然，这些处事之道许多时候也正是为人成功与否的决定性因素。恰当的处事技巧，不仅能让你在应付饭局时加倍轻松，更能让你在人生的道路上扬帆远航。

学会在饭局中帮人打圆场

酒桌上的人，往往会随心所欲地说出一些平时说不出或不敢说的话，做出一些非常之举，这也许是其真性情的流露。也有很多人喜欢在酒后信口开河，肆无忌惮地胡吹海侃。但言者无心，听者有意，有时就会不可避免地发生口角。在饭桌上出现麻烦的时候，如果你能够挺身而出打圆场，化干戈为玉帛，就可以获得别人更多的赏识和信任，并提升自己的人格魅力。

张先生最近开了一家馄饨馆，生意异常火爆。一天，一位中年妇女排了很久的队才占上一个位置，点了一份馄饨。很快馄饨就端了上来，混沌的汤飘着诱人的香味，这位女士想先尝一口汤。可是，汤太热了，这位女士在吸气的时候不小心呛到了，一阵剧烈的咳嗽将汤汁喷到了她对面一位顾客的身上和碗里。这可惹火了那位顾客，他"呼"地一下站了起来冲着这位女士吼道："你怎么回事？咳嗽不会捂着点嘴吗？怎么这么没素质！"

这位女士也被这突如其来的事件吓住了，连忙向对方道歉，可见到这位顾客这么暴跳如雷地向她吼叫，一股邪火也从她心底翻腾起来。待自己缓过神来后，她马上对着老板张先生喊道："我告诉你不要放辣椒的，你干嘛在里边放辣椒？你赔我的饭钱，我还要赔人家的饭钱呢！"张先生马上问伙计，而伙计也很委屈，他明明就没有放辣椒。眼看着那位顾客剑拔弩张，女士也是怒气冲冲，一场冲突事件在升级，迁怒的人越来越多。伙计有错吗，张先生有错吗，可是此时张先生如果一味地让他们争论谁对与错，非得弄个明明白白的话，想必这出事件的结果无非就是三方各执一词互不相让。

店内的顾客也都开始七嘴八舌议论这件事了。这时张先生决定以大局为重，他并没有首先去争论是与非，而是把责任揽到了自己身上，对着厨房大手一挥："再下两碗馄饨，这两碗馄饨免费，下次多注意点！"

听老板张先生都这样说了，而这位妇女也一再道歉，那位顾客也只好作罢。虽然事情就这样过去了，但这位女士始终觉得对张先生既感激又亏欠，此后她便常常来光顾这家店，有时还要带上几个朋友。后来，这位女士和张先生还成了好朋友。

其实，像上例中的事情在生活中可以说是随处可见的。冲突和麻烦在所难免，关键是看你如何去处理。有时候，当有人陷入尴尬之中，如果你从旁边巧妙地为对方打个圆场，那么凝滞的气氛就会变得轻松。有些时候，争执双方的观点明显不一致时，就不能"和稀泥"了。如果你能巧妙地将双方的分歧点分解为事物的两个方面，让分歧在各自的方面都显得正确，这必定是一个上策。

打圆场是一种语言艺术，它的功能是：调解纠纷，化解矛盾，避免尴尬，打破僵局。打圆场必须从善意的角度出发，以特定的话语去缓和紧张气氛，调节人际关系。

那么，我们在饭局中，怎样才能不失时机地打好圆场呢？

1.善意曲解，化干戈为玉帛：在饭局里，交际的双方或第三者由于彼此言语之间造成误会，常常会说出一些让别人感到惊讶的话语，做出一些怪异的行为举止，从而导致尴尬和难堪场面的出现。为了缓解这种局面，可以采用故意"误会"的办法，将错就错，装作不明白或故意不理睬他们言语行为的真实含义，而从善意的角度来做出有利于化解尴尬局面的解释，即对该事件加以善意的曲解，将局面朝有利缓解的方向引导转化。

2. 转移话题，制造轻松气氛：当尴尬或僵局出现时，有些人由于情绪上的冲动，往往会在一些问题上互不相让。在打圆场时，不妨岔开他们的话题，转移他们的注意力。在饭局中，如果某个较为严肃、敏感的问题弄得交谈双方都很尴尬，甚至阻碍交谈正常顺利进行时，我们可以暂时让它回避一下，通过转移话题，用一些轻松、愉快的话题来活跃气氛，转移双方的注意力，或者通过幽默的话语将严肃的话题淡化，使原来僵持的场面重新活跃起来，从而缓和尴尬的局面。

3. 找个借口，给对方台阶下：有些人之所以在饭局中会陷入窘境，常常是因为他们在特定的场合做出了不合时宜或不合情理的事，于是就进一步造成整个局面的尴尬和难堪。在这种情形下，最行之有效的打圆场的方法，莫过于换一个角度或找一个借口，以合情合理的解释来证明对方有悖常理的举动在此情此景中是正当的、无可厚非的和合理的。这样一来，对方的尴尬解除了，正常的人际关系也能得以继续下去了。

4. 审时度势，让各方都满意：有时在饭局中，当交际双方因彼此不同意对方的观点而争执不休时，很难说谁对谁错，作为调解者应该理解争执双方此时的心理和情绪，不要厚此薄彼，以免加深双方的误会，还应对双方的优势和价值都予以肯定，在一定程度上来满足他们的自我实现心理，在这个基础上，再拿出双方都能接受的建设性意见，这样就更容易为双方所接受。经常出入各种饭局的人，想要在饭局中给人留下"好人缘儿"的印象，就要在别人遭遇尴尬时，出来打个圆场，或是当参与各方因意见不统一，使局面显得有些尴尬的时候，审时度势地运用语言技巧，借助恰到好处的话语及时出面为对方找一个"台阶"下。

5.求同存异，强调事件的合理性：当人们因固执己见而争执不休时，局面难以缓和的原因往往是彼此的争胜情绪和较劲心理。因此我们在打圆场时可以抓住这一点，求同存异，帮助争执双方灵活地分析问题，使他们认识到彼此观点的合理性，进而停止无谓的争执。

学会应付饭局中的意外事件

在中国，为办事吃饭是很平常的事情。饭局中有着各种各样的潜规则，它们体现在饭局的各个细节中。多多注意饭局中的各种细节，能够让你准确把握局势，做到应付自如。

饭局中的潜规则，有些可以很容易地看出来，而有些规则却需要有丰富的酒桌经验才能体会出来。

饭桌上安排座次十分讲究，通常坐北朝南为尊，或者离门最远为尊，如果你买单，最好坐在最外边，显得有诚意。

到底谁是主角儿……

小孙大学毕业之后，到一家公司做业务员。由于为人豪爽直率，很受同事的欢迎。但是有一次在陪领导吃饭的时候，却不小心出了点问题。

　　小孙跟领导去陪一位大客户吃饭。两人到了酒店等了不一会，客户就来了。小孙连忙殷勤地为客户领座。由于刚毕业不久，对于酒桌上的规矩还不是很了解，小孙把客户领到了普通客人的席位，而自己坐到了大客户应该坐的尊席上。结果，客户虽然嘴上不说，但是心里却很不舒服。而这桩生意最后也不了了之了。

　　所以，以后在应对饭局的时候，应当多多注意这样的细节，免得出洋相。因为，如果你不懂得其中的规矩而别人都懂，你就已经处于被动的地位了。

　　除了座次的问题，还有很多细节值得注意。比如，如果你是主人，你可能要提前了解客人的饮食习惯。如果你邀请的客人中有宗教人士，那就需要格外注意了，因为宗教人士对于饮食通常有着很严格的禁忌，如穆斯林通常不吃猪肉，而佛教徒忌荤腥，等等。

　　再如，喝酒的时候规矩也是非常多的。就拿敬酒来说，一般情况下是桌上的领导先互相敬，之后才能轮到下面的人敬酒。下级给上级敬酒的时候，一定要站起来，双手举杯。而且只能多人敬一人，而不能一人敬多人。下级杯子要比上级低，而且酒要比上级喝得多，等等。

总之，饭局中有很多细节是需要注意的，这些细节中体现了酒桌上的潜规则。而你是否能够注意到这些细节，也就体现了你是否具备饭局素养。多多注意这些细节，可以让你在饭桌上谈笑风生，应付自如。

成也酒兮，败也酒兮

酒，几乎伴随着人类的整个文化历史，绵延数千年而长盛不衰。酒与各民族的文化相结合，产生了博大精深、源远流长的酒文化，成为社会文化、民族文化的重要组成部分。酒，已不仅仅是一种客观的物质存在，更是一种文化象征。绵长的酒文化，已经流进人类文明的长河中，流进人们的文化精神深处。可以说：酒是文化的物质载体，文化是酒的内在魂魄。

踏入社会，饭局社交是必不可少的。谈客户、谈合作都离不开酒。无酒不成欢，"感情深一口闷"之类的话都是从酒桌上来的。可见喝酒是饭桌上更为关键的一个核心内容。有时候酒桌上的氛围好，酒喝得爽，是事情能够最终谈成的一个极为有力的推动因素。正所谓"人在世上走，怎能不喝酒"。

酒，既庄重又随意，既可助兴也会扫兴，既是兴奋剂又是麻醉剂。饮酒，适度则见利，酗酒则见弊；"酒能成事，亦能败事"；既可让饮者成为天使，也能让人成为魔鬼。喝到"酒不醉人人自醉"的最佳氛围，是智者的选择。只有适量，才能达到可意会不可言传的度，才能见识酒中的真趣。

饭局上的酒只应喝到高兴即可，所谓酒后好办事，正是如此。同样也有因为喝酒而导致惹祸上身的人。无论是酒后真言或是醉酒误事，都是不应该出现在有事在身之人的身上。

醉打金枝是"酒壮怂人胆"的典型例子。与醉打金枝相关的酒局实际上是一次家宴。醉打金枝的故事讲的是唐朝名将郭子仪的儿子郭暧在家宴后，借酒壮胆而痛打老婆升平公主的故事。

且说升平公主嫁到郭家后，不改往日金枝玉叶的做派，还动不动对丈夫和公婆发脾气。一般说来，中国传统社会里媳妇见了公婆是要行大礼的，但公主是皇帝女儿，是君，公婆虽是长辈也是臣，所以那时郭子仪夫妇反过来要向公主下跪。

郭暧对此十分不满，公婆尚且向公主行礼，自己岂非矮了两辈下去？平日在颐指气使的公主面前他倒也不敢有所造次。这天，郭暧心里不爽，在家宴上多喝了几杯。当即要求升平公主应该遵守妇道，给郭子仪夫妇行下跪礼，结果被升平公主严词拒绝并遭到当面训斥。此时，这酒是壮胆药，这酒是忘情水，喝高了的郭暧借着酒劲，也不顾昔日情分，把公主拖回卧室饱以一顿老拳，打得公主满脸开桃花。这可不得了，公主立即回到娘家皇宫大院里找自己的爹爹代宗皇帝去哭诉。郭子仪连忙把儿子捆起来送到皇宫请罪。最后，在皇帝和郭子仪的调停下，小夫妻才和好如初。

这个郭暧为天下所有惧内男人出了口恶气。俗话说，小夫妻床头打架床尾和。尽管这场家庭纠纷闹腾的动静儿特别大，但好在结果却皆大欢喜。郭暧和升平公主的感情不但没有因此而减少，反而倒是加深了不少。这升平公主从此变得温柔、贤淑了许多。所以"醉打金枝"作为一段不败的佳话流传至今，总算是没有被历史洪流淹没。

酒之利弊，界线在于一个"度"，这个度就是因人而异的量。酒若饮到似醉非醉、似醉微醉、醉与非醉之间，则展示出不饮酒无法激发出来的特别风采，才被人们所称道。如果这个"度"把握得不好，就会适得其反，小则留下醉后失态的笑柄，大则可让自己身败名裂。近年来，酒后误事、闹事、出事之人并不乏其例，饮酒过度住院者有之，酒后驾驶出车祸者有之，酒后出丑滋事者有之，凡此种种，不一而足。

饮酒既然是一种社会存在，必有其存在之必要。然而，任何事物都具有两面性。有多少大事在酒的推动下取得圆满，有多少好事在酒的作用下草草收场；因酒获益的人不少，因酒遭祸的亦大有人在。所以我并不提倡戒酒，但我却建议要根据自己的实际情况，来把握好饮酒的"度"，做到适可而止，这样才能让酒成为有力的帮手。

第六章
很多"情"都是从饭局开始的

正所谓，"酒肉穿肠过，情意心中留下"。

虽然饭局的形式一直都在变，但万变都离不开一个"情"字。炒锅中翻滚的小菜诠释了温馨的亲情；响亮的撞杯声尽显真挚的友情；在烛光的映衬下吃出个浪漫的爱情……在其乐融融的餐桌上所有的"情"都会得到升华。

吃的是饭，谈的是情

在中国人看来，饭局是礼仪和人情的代名词。有人认为，中国的社交文化基本是饭局文化。饭局之势长岁久远归因于中国的历史人文背景，人际间崇尚饮食及习俗、交往理念等诸多传承因素的缠结与顺衍。

不知从什么时候开始，网上开始流行一句话："哥抽的不是烟，是寂寞。"这句话一出，立即在网络上以迅雷不及掩耳之势走红。那么，如今饭局也是如此，饭局中"哥吃的不是饭，是感情"。

现实给我们上了沉重的一课：过硬的专业知识和再多的工作经验都敌不过无孔不入的人情关系。所以为了生存，每个人都不得不加入到庞大的应酬中。

饭局是拉近距离、维系关系的法宝。"陈总，晚上有时间吗？一起坐坐？"语言的精妙之处就在于此，一起坐坐，坐在一起干什么？吃饭！那为何不直接热情地说："陈总，今天晚上我请你吃顿大餐。"吃大餐？难道人家吃不起吗？一起坐坐，也正是有意无意地避开饭局中的实质——人情交易，而且抛开了饭局，也逾越了饭局，更加突出了叙旧。"顺便"带上一份限量版的礼物，为这份"人情"再点燃一把火。人情的作用并非是放弃自身的修炼和发展，而是在条件相当，或者至少相差不多的情况下，利用人情推助自己成功。而要维护好这些人情关系，仅靠临时的公关是远远不够的。

小陈是一家物业管理公司的老板，十几年的商场奋战让小陈深深地体会到了"做生意就要先学会做人情关系"。为了拿下政府工程的物业项目，他提前两年就开始通过各种渠道进行"疏通"和"打点"。因为没有过硬的关系，一切公关的手段都是用钱打点的，自然饭局、酒局都是少不了的。最后算下来，该项目基本上只是在保本运作。在这一次的合作中虽然没有带来高利润，但这无疑是一笔划算的投资，因为它打通了各个关节，为小陈建立起一条与政府合作的专用通道。小陈精心建立起的关系，让他在接下来的几年里，相继承接了几项政府新开发的工程物业服务项目，而这些项目给他带来了巨大的利润。

由此可见，在条件相当，或者至少相差不多的情况下，合理地利用人情推助自己获取成功，的确算是明智之举。

中国人吃一顿饭丝毫不逊色于唱一场大戏。虽然剧情大致相似，但唱腔、演技却日益翻新，而且还是全民演出。前几年流行一句话说："在地球这艘太空船上，没有乘客，只有水手。"那么我不妨套用一下："在饭桌这个舞台上，没有观众，只有演员。"人们都在这场饭局中万分投入地演绎着一场情感大戏，用自己的方式诠释着"情"意所在。

饭局中人们的每一个举动、每一个言谈都富含深刻的人情内涵，人情是在无限的"亏欠"与"偿还"中加深和延续的，可以说世界上最难还的是人情。在中国，建立和维护人情关系，已经成为一门专门的学问：钱是必需的，但光有钱，是远远不够的。善于利用饭局来拉近人情关系，吃进去的是饭，谈的却是人情，这就是中国式饭局的玄妙所在。中国的企业要花大量的时间"做人的工作"，而中国老板要花大半的时间应酬于酒局饭桌——人情关系与商业法则之间的矛盾，让企业家们左右为难。当与利益之间建立起可以相互转换的地下通道时，简简单单的"人情"二字，也被注入了新的内涵：一种囊括了情义、地位和利益的交易载体。

从大饭局吃到烛光晚餐，爱情往往就是这么突然

世间的事大多离不开饭局，恋爱也不例外。不过饭局并不是爱情的本身，而是爱情的一个桥梁。对于爱情，特别是恋爱之初，浪漫而又温馨的饭局是打动美女的锦囊妙计。

桥和晴晴的相遇是在一场聚会上，那是一场同城聚会。是晴晴有生以来参加的第一场从网络上走入现实中的聚会。网友们围坐在一起谈天说地无所不谈，而腼腆的晴晴却完全插不上话。这一切都被坐在晴晴旁边的桥看在眼里。

饭局开始的时候，大家边吃边喝，把酒言欢。席间，有几个男生略带几分醉意，频频向漂亮的晴晴敬酒，不懂世故的晴晴不知道该如何拒绝，几杯啤酒下肚，不胜酒力的晴晴脸上被罩上一片潮红。

就在这时候，那几个男生又开始了下一番的"攻击"。桥即时挺身而出，帮晴晴挡下了几杯酒。由于桥的帮助，

那几个男生便也识趣地不再向晴晴发出攻势。

在酒精的作用下，带着丝丝醉意的晴晴在凝视帅气的桥的眼神中似乎多了一些内容——带着丝丝感动和些许的好感。

聚会结束后，桥执意要送晴晴回家。桥送晴晴到楼下，看着晴晴安全到家，并从阳台的窗户对自己招手，才放心地说了声再见，然后转身离开了。

自从这次的聚会之后，晴晴和桥的关系明显跨近了一步。

一天，桥在网上邀请晴晴一起吃饭。就这样，两人开始了第一次的二人世界。这次的相约，虽然少了之前的热闹劲，但是两个人却有着聊不完的话题，在两人交流的过程中，擦出了许多火花。从这次以后，两人经常相约见面，从咖啡厅，到冰激凌店，从人头攒动的肯德基、麦当劳，到水泄不通的小吃摊，从火辣的川菜馆到热闹的大排档……不同的是，每次的饭后都会有一些丰富多彩的内容，逛街、看电影……

就这样，他们从第一次的大饭局，吃到无数次的二人饭局；从第一次的深情对视，到第一次激情热吻；从一次偶然的邂逅，到一起携手步入婚姻殿堂……

饭局是孕育爱情的摇篮，在吃饭的过程中，逐渐增进了彼此的了解，从最初的相视一笑，到相识、相知、相恋，最终修成正果，步入婚姻的殿堂。而饭局的风格也彰显着爱情的状态：初恋的甜蜜与浪漫，热恋的情调与纯粹，婚姻前的简约与实在。于是，在吃吃喝喝中，不知不觉爱情慢慢地发芽了，慢慢地长大了。

很多爱情都是由一次饭局开始，再经过很多次的饭局而变得更加坚固。从拖朋带友的集体大饭局，逐渐简化成简约的二人小饭局、浪漫的烛光晚餐，最后上升至温馨热闹的婚宴。幸福的爱情犹如对味的饭局，冬暖夏凉养胃健胃，无数男女相知相爱，有情人终成眷属。

男孩追求心仪的女孩，总喜欢以请客为由头，也许是这种方式最为通俗直白。吃什么，在哪吃，其中当然也有文章，恋爱的不同阶段情形各异。初次相约的男女，多少有点羞涩、拘谨，男孩殷勤地询问想要去吃些什么，女孩大都非常矜持不肯开口，只答道"随便"。好不容易确定了地方，男孩很绅士地为女孩拉开坐椅，大方地将菜单递过去，得到的回应也多为"随便"。饭局上，男孩殷勤地为女孩夹菜、倒饮料，希望自己的温柔、体贴、细心能留给对方一个好印象。待彼此熟络了，各自的口味与喜好便都了然于心，客套就显得太生分了，于是就不再刻意询问，通常心照不宣地选择去"老地方"，然后麻利地点菜。彼此间多了一些默契，自然吃得舒心，吃得幸福，那滋味才叫美妙。

恋爱不是请客吃饭，但
一般是从请客吃饭开始的！

不要因为应酬饭局而忽略了家人

现代的家庭中常会有因为应酬不能陪伴家人吃饭而引起的争吵，致使夫妻失和。事业越是蒸蒸日上，陪伴家人的时间就会越来越短，于是，是为了事业而去应酬还是陪伴家人成了摆在现代人面前的一个难题。

通过应酬，可以联络感情，扩展朋友圈子，收集各种有用信息，以便在关键的时候逢凶化吉，遇难成祥。必要的应酬是润滑剂，然而应酬时间多，家庭时间就少了，去应酬的时间让家庭生活成了空白。有的人为应酬忙得不可开交，整日迎来送往，这场忙完忙那场，把自己弄得疲惫不堪，叫苦不迭，把自己的时间和健康都"无偿"奉献给应酬。应酬是要付出时间，甚至是身体成本的，一个星期如果天天下班后与客户、伙伴聚会，体力也吃不消。

刘丽结婚的时候，大家都非常羡慕她。那时候，她的丈夫就是一个事业有成的男人了。有自己的公司，有2套住房，还有自己的私家小汽车。在别人眼里，能嫁给这么一位年轻有为的男人，绝对是福气，这样的条件是不少女人都心驰神往的。而刘丽也是带着这样的憧憬步入了婚姻的殿堂。

结婚以后，丈夫为了能让自己公司的生意更红火，每天在外的应酬越来越多，不断地招揽更多的客源，公司的生意也确实是越来越好了。但是，由于每天应酬的缘故，他经常半夜喝得酩酊大醉才回家，而每次到家后，满身都是刺鼻的尼古丁和酒精混合在一起的味道，然后栽到床上倒头便睡。

刘丽曾经无数次地劝他在外面少喝一点酒，不要逞强好胜，这样对身体也不好。可他虽然嘴上口口声声地答应着，但依然每天喝到烂醉才回家。

刘丽对老公的行为非常恼火，终于有一天，两人发生了第一次激烈的争吵。她老公的话却是她万万都没想到的："男人在外边谈生意，不陪人喝好根本就谈不成生意，你们女人懂什么？又想要吃好的、穿好的，又喜欢攀比，没有钱，你拿什么吃穿？你拿什么攀比？"

从这以后，刘丽老公每天回家更晚。每次刘丽在深夜打电话给他的时候，他都明显带着不耐烦的口气问："你老打电话干嘛？我这边正忙着呢！"就这样，他们在争吵中度过了一段痛苦的时光。

直到一次，丈夫后半夜才回家。一进门就冲着刘丽嚷道："刚才正在酒桌上和人谈判，把手机设定成了静音，所以没有听到你的电话。等我发现你的电话时，正和别人说到关键的时候，但是我还是担心你有什么事，就赶紧给你回电话。结果你竟然对着电话骂我，都被人听见了，你让我下不来台你，我真是不明白你们女人到底是怎么想的。"

刘丽与老公争吵后，感到心灰意冷，认为这不是自己想要的生活，她收拾衣物搬回了娘家。刘丽的老公想，以前刘丽也因为吵架回过娘家，等她气消了也就自己回来了。可是他万万没想到，一个星期后，他却收到了法院寄来的离婚协议书。

刘丽的老公突然傻了眼，他不明白，自己那么辛苦在外边应酬，不就是为了多赚点钱，让自己的家人过上更好的生活吗？这样做怎么她就不能理解呢？

想要事业有成、出人头地，人脉关系是必不可少的一个条件。没有一个良好的关系网，做起事来就会举步维艰、寸步难行。所以，在男人打拼的时期，自然而然地就会多出了许多的应酬，一旦应酬起来，那个圈子就会如滚雪球般，不断地扩大。吃了喝了自然就得回请，少了一餐就会让人看成了是不懂世故，小里小气，就在这无限度的应酬中忙碌得顾不了家。

久而久之，家庭里也就因这些应酬的牵扯而出现了争吵，女人在漫长的等待、期盼中失去了信心，抱怨男人不顾家，成天在外吃喝玩乐，半夜才归，让她独守空房。也不知道心疼自己的身体，搞得精疲力尽的，回到家成天喊累。而男人抱怨女人不体贴、不理解，在外面拼命地工作应酬也是为了家，为了

饭局人脉学
跟谁吃·怎么吃·吃什么

· 142 ·

让妻子能得到别人一样的荣华富贵，锦衣玉食，其中也有着为了自己能在人前高人一等，让别人称赞自己是个能干的丈夫。女人需要温柔，男人需要成就，这都没有错。只要记得凡事都有个尺度，只要在尺度内就可以随心所欲，日子过得优哉游哉，出了这个尺度就会顾此失彼，焦头烂额。

男人不要抱着为家、为儿女的理由，冠冕堂皇地抱怨着别人的不理解，没有节制地狂奔在应酬的漩涡中。也应想想女人嫁人不是只为了穿好住好，更多的是需要精神上的满足，这不是用金钱能换来的。太贫穷了，也许女人会唠叨，但真的在选择爱与金钱时，女人多半是会选择前者。何况有些应酬并不是特别重要，别把自己困在忙碌中，抽出一点时间来陪陪妻子、父母、孩子。至少，每周推掉一个可有可无的饭局，抽出时间来陪陪家人，就算只在家里与家人吃上一顿团圆饭也好。持之以恒，就会把事业与家庭的距离拉近，不会再顾此失彼，让自己生活、事业双丰收。

应酬多的男人背后往往有一个因爱生怨的女人

在这个世界上，为情感付出最多的是怨妇，为情感伤神的往往也是怨妇。是男人一手创造了"怨妇"，然而，并不是因为男人不爱她们。每个人对爱的看法和理解都不一样，有人认为可以每天厮守，就是一种幸福；有人认为在忙碌的工作之余可以忙里偷闲，与爱人一起营造些小浪漫，一起逛超市，一起下厨房，一起享用添加了爱的晚餐，就是一种幸福；有人认为想要让自己的爱人幸福，就要给她最好的衣食住行，最高档的物质生活。然而，为了能让自己的爱人拥有高品质的生活，他们把大把的时间都花在了商场应酬上，拼命地谈生意，努力地赚钱，结果却忽略了自己在家中的责任。

随着男人应酬日益增多，"怨妇"也就成了现代社会的家庭"产物"了。说到怨妇，大家脑袋里马上就会出现一个头发凌乱、双眼无光、一脸的怨气、喋喋不休的疯女人。相信没有哪个女人愿意成为一个怨妇，可是太多的不如意，把多少如花美女制造成了怨妇的形象。有人说，是男人一手造就了"怨妇"，也有人说女人活的就是一种心态……

数据显示，男人一生的应酬是女人的十倍之多，这与男人在社会中扮演的角色密不可分。作为怨妇，喜欢黏着男人，面对男人的应酬，怨妇不是在电话里对男人臭骂，就是通过短信臭骂，或直接到应酬的场所给男人下马威。不管男人是不是真的在应酬公事，女人的冲动举止都不可取。这种举措的实施，男人丢的是面子，女人丢的却是身价。而这种行为将导致的结果是：男人产生逆反心理，从此不愿意再回家。

人们常说，"每一位成功男人背后都有一个伟大的女性"；小品中将这句话调侃成了，"每一个成功的男人后背上都背着一个多事的女人"，而当今的社会却演变为，"每一位成功男士的家中都有一个寂寞的女人"。然而就是这简单的"寂寞"

二字，将少妇变成了怨妇。

我们能否说成功男人是造就怨妇的始作俑者？这有待审慎论证，不能贸然断言。不过所谓成功男士多是不会按时上下班的，因为有各种应酬应接不暇，是没有时间与太太共进晚餐的；成功男士通常在午夜十二点前是不会回到家中，主要是和他一起共歌厅、桑拿之娱的生意伙伴、关系户们没走，他怎好意思先行撤离呢？

少了爱情的滋润，少了悉心的呵护，少了心灵的沟通。久而久之，这些女人变得孤僻、烦躁，甚至是看到什么都不顺眼，更是沾火就着。有的时候在深夜的漫长等待中，会不停地给老公打电话、发信息，不停地追问在哪？跟谁？为什么还不回来？因此身为成功男士的太太，有幸一睹老公尊容的机会，往往是午夜之后，要么就是见他满身酒气地夺门而入，要么就是自己在酣睡过后，发现床边多了一个男人。

不久前，在一次 shopping 中遇见了大学时代的一个女同学。她的变化可不小，让人差点认不出来。虽然身上都是名牌，但在一身的贵气下，却更显憔悴，让我联想到了名牌包装下的黄脸婆。

在聊天中，她一直喋喋不休地向我讲她的生活状况。从起初丈夫对她的疯狂追求，到如今早出晚归对她的冷漠；从曾经他为了她宁愿放弃客户，到如今一应酬起来连她的电话都不接……

说到动情之处，竟然落下了伤心的泪。她的眼角多了几分忧伤，从她的眼中透露出难以掩饰的寂寞与空虚，我知道她过得并不幸福。

她说她现在经常莫名其妙地发火，动不动就会摔东西，气消之后，甚至连她自己都会觉得可笑。她不明白自己为什么那么爱发火，也不知道她的那股火气从哪里来。而丈夫对于她的无名之火，先是安抚，再是忍让，渐渐转变成了厌烦。

她说："每次我丈夫应酬过后，都喝得一塌糊涂，有几次他开门甚至找不到钥匙孔。从那以后，每一次他在外面应酬，不管有多晚，我都会在客厅留一盏灯，然后坐在沙发上静静等着他回来。有一天都一点多了，他竟然还不回来，我打电话给他他又不接。他越是不接我就越是烦躁，不停地打给他。我开始猜测他是不是在外面有人了？"她擦掉眼角的泪，"终于电话通了，我根本无法抑制心中的怒火，跟他大吵大嚷'你在哪？为什么还不回来？你是不是外边有女人了？'那一天，我等到两点多才等到他，他烂醉如泥，不停地责怪我总是在他应酬的时候给他打电话唠叨他，说我莫名其妙、不可理喻，让他在大家面前丢了面子。"

从她喋喋不休的言语和无法掩饰的委屈、无奈中，我似乎看到了一个压抑了很久的怨妇，一经爆发就如火山般喷射而出。

其实，男人想要混得开，想要混得好，在外应酬是避免不了的事，而天生就没有安全感的女人对此抱怨也在情理之中。如果换位思考，其实女人也是因为关心才抱怨，她希望得到的是家庭的温暖，想要一个健康、有活力的老公，所以才多了一些唠叨和抱怨。男人回家晚了又联系不上，女人就会胡思乱想，怕他在外边有了新欢，更害怕他在外边出什么意外。

如果这样想来，女人的唠叨和抱怨，反而就是出于爱的表现。就像上例中那位大学同学一样，不管多晚，都会为丈夫留一盏灯，而那盏灯正是爱的证明。所以，不要一味地把女人的抱怨看作是无理取闹。要想女人少一些抱怨，就请男人适当减少一些应酬吧！

路边大排档的撞击声是友情的见证

大排档在中国大中小城市皆可见，与当地的繁荣发达或者贫穷落后全无关系。

大排档的好处就在于光顾大排档的人没有身价之分，他们白天有的在写字楼对下属发号施令，有的在烈日下奔忙，有的在会议桌上与客户打着心理战……而夜晚的他们来此可以穿着名牌T恤，也可以光着膀子，或者穿着10元一条的沙滩裤，趿着一双人字拖。没有人会介意大排档那间小小的男女共用的卫生间是否干净，也没有人会在乎大排档的餐巾纸够不够好，更没有人会对你的吃相加以点评。

很多人不明白，为什么曾经在人们心中不上档次的大排档在如今却是这么火爆？为什么有些有钱人开着豪车也要来吃路边看起来并不干净的大排档？

其原因就在于在大排档的饭桌上，大家尽可以放松，大杯的扎啤与高酒杯中的高级红酒、精美漂亮的鸡尾酒形成了强烈的反差，喝扎啤更多的是随心所欲，没有任何条条框框，喝到兴起之时，满满一杯扎啤可以一仰而尽。而红酒、鸡尾酒喝起来礼数相对较多。在大排档你可以约上几个挚友、铁哥们，天南地北地胡侃海聊，没有人会在意你们在聊什么，因为大家都在热火朝天地谈论着自己的话题，几杯扎啤下肚，嗓门越发变大。这种聚会，往往是越喝人越多，可能起初只有三四个人，然后聊到了谁，立马就拨通对方的电话，没有转弯没有正式的邀请，直接告诉对方地点。若是有熟人路过，大家都会热情地招呼他过来一起坐坐，然后招呼老板加座，加碗筷。

大排档上不谈工作，也不谈烦心事，排除一切纷扰，只是纯纯地叙旧，聊聊朋友之间掏心窝子的话。飘香的肉串，鲜香的爆炒海鲜，各类小吃应有尽有，在这里喝酒，扎啤杯撞击在一起的响亮的声音是你在所有豪华酒店都听不到的悦耳声音。而爽朗的笑声也不需要刻意地掩饰，因为它将与扎啤杯的撞击声合奏一曲动听的交响乐。这就是大排档，人间最真挚的哥们儿义气就在这杯子交响曲中得以升华。

夜晚的大排档给城市的夜生活增添了不少的声色。放眼望去，大部分为年轻人。特别是在天气较热的季节，大排档的生意尤为火爆。在大排档里，大多是光着膀子，穿着沙滩短裤，这样才像大排档江湖中人。当然，如果你穿着一双人字拖那就更是适合大排档的气氛了，甚至有时可以用脚踩着椅子角，手拿酒杯承在膝盖上，这时最能明白大排档的优越——人生苦短，在大排档如此享福，也算不枉此生了。人们都渐渐厌恶钢筋水泥的封锁，渐渐厌倦压抑郁闷的城市空气，讨厌被条条框框的规矩所限制。而在大排档中的快乐与洒脱，就是爱自由的人们所心驰神往的。

买单，尽显人性百态

在中国这个传统的礼仪之邦，请客吃饭总是难免的事情。一顿丰盛的酒席下肚，饥饿的肚子得到满足，该谈的事情也差不多搞定。但凡事既然有得到就要有付出。待到要"买单"之时，就是该付出的时候了。结账是请客吃饭的最后也是最重要的环节，如果处理不好，可能就会让之前在酒桌上的努力前功尽弃。于是买单时就成了众生众相的最佳表现时间。

通过买单能显现出都市男人的品质。有的人也不声张，悄悄把单买了；有的人说要买单却无所动作；有的人从来就只吃不买。买单风度跟男人的经济实力有关，但买单"挺身而出"的男人常常并不是最有钱的。

买单是人和人交往中发生的事件，也是人和人交往礼仪的一种体现。中国人对友情看得很高，大家最推崇的是管鲍之交，这是友谊的一个典范，但是友谊和任何东西都一样，它的形式都会随着社会的发展而产生微妙的变化。在古代，人们的友情模式最看重的是情，而在现代，友谊的模式除了情以外还会掺杂着一些物质的东西在里面，物质有时候也是情谊的一种载体。这也是不同社会环境下人们对友情的不同需要。我们不能说哪种友谊模式更好，因为它们存在的社会环境是不一样的。买单是一种社会文化和现象，也会有一个发展的过程，大家之所以真真假假都会表现出来要抢着买单，其实还是为了给自己撑面子。

陌生男女或者是同事、朋友聚会吃饭，男人买单是风度的体现。但如果在座有好几位男士，有人抢着买单，有人却视而不见甚至借故开溜，你会对谁印象更好呢？买单付账这类事，虽然琐碎，却能从细微之处体现出一个人的性格和品行。主动买单的男人，多半慷慨宽厚，不会算计得失斤斤计较。跟这样的男人打交道会更舒服。

老一辈的人总是要抢着买单，小时候不明白为什么。自家人互相买买也就算了，那是友爱的表现，但是牵上外人，在小孩子看来，就有点钱财外流的意思了。约长到15岁的年纪，才算略通了些人情世故。买单有学问，而且是大学问。从小处说，可以取得别人的好感，以后遇上了事，彼此好讲话些；往大处说，抢着买单，是中国千年来人情交往的智慧结晶。所谓"吃人的嘴软"，一顿饭下来，请客的心里也就有了几分的把握。

愿意让你请了，这就有了二分；点菜点得不客气吃酒吃得爽快，那就有了五分；和你有说有笑称兄道弟，那就有了六分；要和你相约下次，那就有了八九分把握。

买单时要注意如下事项：

1.核对账单再付款。结账是一定要看账单的。看账单的目的，先找自己所点的菜是不是都上齐了，然后再检查每道菜的单价和菜单所列是否相符，以及总金额是否有误。等一切确认无误，才掏钱或信用卡付账。别人既不会认为这样做是小气，服务人员也把客人此举动视为理所当然。

2.别忘带足现金。人们现在越来越习惯于刷卡消费，但中国的很多餐厅还是收现金，所以千万别忘了带足现金，以免尴尬。万一发生这种情况，尽量不要让被请的人觉察你身上的钱不够，可以找借口让他们先行离开，再打电话让朋友或家人送钱来，否则客人会误会你请客的心不诚。

3.对服务员的态度。我们总是强调"顾客是上帝"，但"上帝"要有"上帝"的风度，不要以"上帝"的身份对服务员大呼小叫。当然，餐厅一定要培训出机灵、周到的服务员，否则不会再有回头客。

饭后争着买单也成了当下非常常见的社会现象了。饭后抢单已经成了一场具有中国色彩的饭后"表演"。

饭局中的"桃太郎"

中国人好面子，俩人一起吃饭，经常出现抢着买单争得面红耳赤的局面。然而在饭局中也有一毛不拔的"铁公鸡"，他们非常善于组织各种类型的饭局，却从不买单，不仅不买单还吃得理所当然。

比如说，有两个人平时关系不错，最近因为一些小事产生了纠纷，那么我这位朋友就会及时挺身而出对其中一个人说，"万事和为贵嘛，尤其是朋友之间，怎么能为了这么点小事儿就闹得这么僵呢？再说了，低头不见抬头见，你们这样老僵着也不合适啊。得，今儿个我就多一回事，我出面替你们调解一下吧，把大家召集在一起一块吃顿饭吧。我请客，你买单！你定个地方吧。"

饭局如期举行，大家一团和气，酒足饭饱之后，这两位好朋友也互相红着脸碰杯言和，冰释前嫌了。少不得还得感谢一下这个和事佬啊。那这次的和解不只是一个人的事啊，一个请完了，那另一个自然也要对这中间的和事佬表示感谢呀。于是，就这样下一场饭局就有了着落。而这件事中的和事佬却不费吹灰之力就享受到了两顿盛情满满的大餐。

　　起初，大家都觉得他这个人非常热心肠。渐渐地，大家才发现他经常为人策划饭局，已经成了一位名副其实的"饭局专家"了，然而在他精心策划的饭局之中，他从来都没有付过钱。不过，话又说回来了，人家这么热情，这么好心地帮助大家，人家精心策划的这些饭局从来都是一心为了别人的事情而费心费力，那这一顿饭，你有什么理由叫人家来买单呢？

　　朋友聚餐时，总会碰到一些像"葛朗台"之类的吝啬鬼，到了结账的时候，要么上厕所，要么打电话，总有新花样，把结账的任务留给饭桌上的其他人。这类人通常被称之为"桃太郎"，同样都是逃单一族，给大家的感受则完全相反，前者组织饭局吃饭不买单，是为了做和事佬，充分展现自己的热心肠；后者召集吃饭又不买单却成了表现自己、展示自己的方式，满足自己却把别人当成了道具，这种被动获得的人际交流只能让大家坐在一起表面寒暄，内心却是哭笑不得。

　　还有一些人他们逃单并不是因为他们小气，而是他向来要以自己为中心人物所致。那么，既是中心人物，顿顿饭都由自己买单岂不是件很没面子的事？他们对"逃单"的理解是比较独特的，因为他们"逃单"只想证实自己的能力与魅力。他们认为，每天出入各类饭局，在饭局之中总能左右逢源，言语滔滔，并喜欢把不同圈子的朋友都招至一处。饭局向来由他通知，每个人都以为自然是他买单。可是每回把事情搞大以后，他或者率先醉了，或者突然有了不得不去的另一个重要场合，或者他规定谁最后赶来就由谁买单以示惩罚，或者现场玩个赌博性质的小游戏只出不进玩出饭钱……总之，他花样多多，到最后大家都以他不买单为正常之举。

逃单的人一般会有如下表现：

1. 落座时，通常会择靠墙靠角之所，这样的位置不便于服务员近身，所以在结账时，服务员一般不会将单递过来。

2. 几杯小酒下肚，言语滔滔不绝，待饭局即将结束，酒劲就开始上头了，往沙发上一躺，或往边座上一趴不醒人事了。

3. 饭局吃到一半，手机响了，一接电话那边有火上房的急事，必须得立刻赶到，挂断电话双手一摊，一脸无奈和抱歉的与众人道别。

4. 买单之时，飞快地跑向厕所，跑时以手掩嘴，紧夹双腿，给人以十万火急的印象，到厕所之后，迟迟不肯出来，直至结账之后才见其不紧不慢地出现。

5. 酒终人散，作欲买单状挤上前台，但不争第一的位置，跟其他人一样作掏钱包状，然而从包里变戏法似的拿出纸巾、钥匙、口香糖等无关紧要的东西，直至前边的人已经将钱交到服务员手中的时候，才抽出自己的钱包。

6. 在买单的当口与人攀谈得兴致勃勃抑或是与人争论一些话题，扯着大嗓门子，即使有服务员拿着单子过来也不被其所影响，甚至让自己的声音盖过服务员的声音。

7. 酒足饭饱，高扬着买单的小脖，在众人的欢呼之下，大喊一声："今儿个，哥们买单！"然后第一个冲向柜台，拿出一张银行卡："小姐，刷卡！"这时会有几种可能，一种是店小不能刷卡，另一种就是有人从口袋拿出现金交给服务员，通常服务员都更喜欢收现金，第三种就是在输入密码的时候故意输错密码，有耐不住急性子的人自然就会主动上前结账……

逃单的方法有很多种，这类人通常被称为"桃太郎"，他们也是各揣心计，正所谓"逃单招法人人有，无伤大雅是高手"。而众多的"桃太郎"们在一次次饭局中汲取经验，不断地研究出更多的逃单高招。"桃太郎"们以他们的高招在各类饭局中屡战屡胜，一次次成功地逃避着买单。

对付这种"桃太郎"，也有妙招：

第一招：AA制。如果你和朋友沟通完后，他毫无改变，仍旧我行我素，这时你要做的就是每次吃饭前大声宣布，"今天AA制"，或在吃饭前就说好"今天谁买单"。

第二招：将"厚脸皮"进行到底。无论他掏钱包的速度有多慢，你的速度都要比他还慢，甚至看着他翻钱包。任何人碰到这一情况，只能乖乖"买单"。这也是对他的一种提醒。第一招：沟通为先。如果是比较要好的朋友，可以和他先沟通交流，听听他是如何想的，让他意识到这种行为不可取。同时对自己的朋友多宽容，给予一定的谅解，毕竟朋友之间的隔阂需要两个人一起解决。

第三招：让"桃太郎"坐靠外买单的位置。在聚会吃饭时，大伙可以有意识让"桃太郎"坐靠外的位置，并在聚会过程中，有意无意地提到让"桃太郎"买单。当服务员结账时，碍于面子，他也只能掏出钱包。

有了以上妙招，对"桃太郎"们见招拆招，看他们还如何每天混吃混喝！

但还是建议"桃太郎"们改掉这个不好的习惯，钱固然重要，它可以换来物质上的享受。但是一个人游走于这个社会上，必定离不开朋友。很多事情，有了朋友的帮助就会变得更加简单。如果失去了朋友生活自然会变得暗淡无光。真诚地对待每一位朋友，不要做那些丢了西瓜捡芝麻的傻事。

第七章
一场好饭局往往有推波助澜的作用

　　小小的饭局中，隐藏着许多不容忽视的大学问。我们可以在探讨饭局的过程中，学会如何利用其中的学问，也学会如何推动一场好局。一场成功的饭局可让敌人冰释前嫌，转而成为朋友；可让原本处于低谷的弱者，变为强势的一方；也可让你扩大人脉、获取资源……实际上，饭局就是以小投入来换取大回报。

饭桌是社会万象的缩影

　　中国人的社交观念一直与"吃"有关，例如把不认识的人叫作"生人"，把相互了解的人叫作"熟人"。不仅如此，生活中的种种似乎都可以与"吃"搭上关系：受重视叫"吃香"，混得好叫"吃得开"，嫉妒别人叫"吃醋"，拿佣金叫"吃回扣"，长得漂亮叫"秀色可餐"，觊觎某物叫"垂涎三尺"……

"吃"这个词因其含义多、指代广泛，在中国人的社交生活里得到了极大的厚爱。我们习惯于把饭桌摆在社交的核心地位，使得本来功能单一的饭局成了纷繁社会的缩影。

透过饭局，我们看到的是饮食之道所蕴含的文化背景、社会关系、人际规则，甚至裙带关系。

饭局贯穿着中国人的整个社交过程，结婚有饭局，升学有饭局，赔礼有饭局，办事有饭局，过节有饭局，跳舞有饭局，开会有饭局，打球有饭局，开业有饭局，电影收官也有饭局……实在无事，随便编个理由也要办一场。

对中国人来说，饮食之道，也是人情融洽之道。一场饭局既可以是亲朋好友之间的沟通交流，也可以是一次生意场上的谈判。而西方人则习惯各居一隅，各自分餐。易中天说，中国人喜欢请客吃饭，并不是中国人好吃，而是中国文化的思想内核——群体意识使然。所以，观察一个人经常混迹于何类饭局，便可以大概洞悉其兴趣、爱好、财富、身份、地位。饭局在中国，实为社会关系网的缩影。

香港大食客蔡澜先生在《吃的讲义》里说，吃的文化，是交朋友最好的武器。你和宁波人谈论蟛糊、黄泥螺、臭冬瓜，他们会大为兴奋。你和香港人讲到云吞面，他们一定知道哪一档最好吃。如今我们提及饭局文化，最先想到的总是大家围坐在桌边，或大快朵颐、段子飘飘，或打情骂俏、推杯换盏，或谈公道私、生意拍板。

　　社会学家分析：组织一个饭局，必须先想好受邀请的人选，被邀请者往往也都很关心还有哪些人同样被邀请，并以此估算自己在邀请者心中的位置。饭局在中国人的交往中占有如此重要的地位，是因为中国的公、私观念不像西方人那样分明。西方人如果在办事过程中相互欣赏，也会约吃饭，但他们的饭局只是办事顺利的自然结果。而在中国，吃饭却是办事的工具。饭局作为一种工具，必然与其他工具一样有其共性及使用规则，并且不同的饭局规则也不尽相同。

　　在这样一个重关系的社会中，为何只有"饭局"承载了情感传达的使命呢？为什么偏偏是"吃饭"，而不是"唱歌"或者"垂钓"呢？这是因为，"吃"是人类最大的"公约数"，对于娱乐活动，人们往往众口难调，有人爱看戏，有人爱听歌，有人爱旅游，有人爱运动。然而，每个人都要"吃"，只有在这一点上，人类是没有差异的。

　　饭局之妙，不在"饭"而尽在"局"，一个完美的中国式饭局，设局人、局精、局托儿、陪客、花瓶众角色一个都不能少。有组织，有派系，有结交，有承诺，有阴谋，有称兄道弟，有采阴补阳，有真心话与大冒险。透过饭局，我们看到的是饮食之道里隐藏的政治利益、社会关系、人际规则和文化滋味。由此可见，饭桌其实就是社会的缩影，饭桌上处处是玄机。

有时候想办成点事，
还是得靠请客吃饭

经理

主任

不得不学的饭局心理学

在很多中国人的眼里，饭局是具有神奇效应的。今日餐桌一杯酒，或许就能决定一个月或是未来半年的个人事业、公司盈亏，甚至可以改变终生的命运和地位。既然饭局应酬是不可避免的，那就应该有备而战，打一场漂亮的饭局交际战。

想要打好这场"饭局大战"，我们自然要花上不少心力去钻研饭局的心理学。究竟怎样才能在"饭局大战"中获得完胜呢？其实这并不难，只要你能读懂对方在想什么，就可以各个击破、所向披靡！

"饭局大战"没有硝烟，也没有血腥场面，没有斗勇只有斗智。想要获得成功就必须利用古人留给我们的大智慧。在谈判饭局中，心理战术是很奏效的，因为双方都有自己的底牌，也都在为自己争取最大的利益。

饭局中存在着看似简单实则复杂的心理学。一般来讲，领导、美女、妙语连珠的风趣之人、善于照顾邻座的体贴人都比较受欢迎；木纳的人会使饭局缺少生机；从头到尾滔滔不绝之人、傲慢无礼之人、喧宾夺主之人、酒后失态之人，则可能让人生厌。

在群体饭局中，总有一些人凭借某种优势，给他人形成一种隐形的压力。这常常会导致他人碍于面子而改变自己的行为模式，使得他人不愿轻易表达自己的观点，不敢轻易亮出自己的底牌。也许事情应有的自然状态并非如此，但因为他们在场，大家都会变得面目皆非。因此，在饭局中应该学会尊重他人的优势，虽不要太过"放低自己"，但也应了解他人的优势，并且对于自己将会带来的影响做到心中有数。对于同学聚会或朋友聚会，更应该以谦和的心态和语调交谈。对于"奔五"的年龄层，在饭局中展望未来比回忆过去更积极些。人的内心优势是一个此消彼长的东西。当你将它馈赠出去时，别人就会拥有得多一点；当你收敛回来时，自己也会变得更加从容。

理想的饭局是，三五知己，酒美菜香，话题可以涉及上下千年，纵横江山万里。不带任何功利，只为纯粹的感情，来一场胃肠和心灵的盛宴。如果在饭局中浪费大量时间和精力，不仅不会带来良好的机会，反而会影响工作。所以我们对饭局要有选择，跟什么人吃饭比吃什么更重要；注重营养搭配比由着爱好不知节制地吃更好。饭局是用来丰富我们的人生，为我们带来快乐的。

饭局中，学会做个倾听者

古希腊先哲苏格拉底说："上天赐人以两耳两目，但只有一口，欲使其多闻多见而少言。"寥寥数语，形象而深刻地说明了倾听的重要性。人与人之间需要沟通、交流、协作、共事，是否善于倾听不仅体现着一个人的道德水准，还关系到与他人建立和谐人际关系的能力。在很多时候，我们更需要的往往不是口腹之欲，而是一方可以栖息心灵的芳草地。友情的存续，婚姻的永固，团队的向心力，很大程度上都取决于有没有情感的交流和精神上的契合。从古至今，这一直是体现人类生活品质的重要方面。

我曾听过这样一个寓言：有一天，猫妈妈把小猫叫来，说："宝贝，你已经长大了，不能继续喝奶了，三天之后要自己去找东西吃哦。"小猫惶惑地问："妈妈，那我该吃什么呢？"

猫妈妈说："妈妈一时也说不清楚，就用我们祖先留下的方法吧！这几天夜里你悄悄地躲在人们的屋顶上、梁柱间、陶罐边，仔细倾听人们的谈话，他们自然会教你的！"

第一天晚上，小猫躲在梁柱间，听到一个大人对孩子说："乖儿子，把鱼和牛奶放在冰箱里，小猫最爱吃鱼和牛奶了。"

第二天晚上，小猫躲在陶罐边，听见一个女人对男人说："老公，把香肠和腊肉挂在梁上，小鸡关好，别让小猫偷吃了。"

第三天晚上，小猫躲在屋顶上，从窗子瞧见妇人叨念自己的孩子："奶酪、肉松、鱼干吃剩了也不晓得收好，小猫鼻子很灵，明天你就没的吃了。"

就这样，小猫每天都很开心地回家告诉妈妈："真的像你说的一样，只要我仔细倾听，人们每天都会教我应该吃什么。"

这虽只是一个寓言故事，但却告诉了大家倾听的妙处。其实，当你学会倾听就会明白，其好处远不只如此。

在每场饭局中，只要有一个善于调节气氛的人就 OK 了，假设郭德纲和宋祖德这两张"名嘴"在饭桌上相遇，一桌的人到底要听谁讲？这就难免会出现尴尬的气氛。所以，即使你再会调节气氛，如果饭局中已经有了一位很活跃的人，你也应适当地谦让，学会做一名倾听者，这不仅是对他人的尊重，也是饭局中必不可少的礼数。

社交饭局中需要注意的倾听技巧：

1. 设身处地地为人着想；

2. 不可打断他人；

3. 尽量准确地理解他人的意思；

4. 若有误会，请听完再澄清；

5. 要排除不良情绪，对事不对人。

善于倾听不仅可以体现人的修养，还会有以下好处：

1. 发现细节问题；

2. 获得准确信息；

3. 防止主观误差；

4. 获得友谊信任。

在社交饭局中，我们每个人或多或少都想拥有一种自重感。而自重感的来源渠道，则首推倾诉和抱怨。此时，善于倾听会成为你与对方建立沟通桥梁、和谐共处的一大筹码。倾听是理解的路径，学会倾听，这是人生的一种成长；倾听是信赖的田垄，善于倾听，这是人生的一片风景。

很多人在交谈中总是习惯于以自己的意见、观点、感情来影响别人，因而往往一旦开始讲话就喋喋不休，好像只有如此才能得到他人重视。然而实际上，这样的人很容易惹人厌烦。在一场谈话中，仅做演说者是不可能成功的，因为每个人同样需要一个良好的听众。

善于倾听的人，才是真正懂得交际的人。话多之人虽有机会锋芒毕露，但言多必失。话说多了，便成了夸夸其谈、油嘴滑舌；说过分了还会惹祸上身。所以，该谦让时就平心静气地谦让，倾听并没有那么痛苦，反倒有兼听则明的好处。

善于倾听的人常常会有意想不到的收获：蒲松龄因为虚心听取路人的述说，记下了许多聊斋故事；唐太宗因为兼听而成明主；齐桓公因为细听而善任管仲……纵观历史长河，因为善于倾听而获得成功的名人不胜枚举。

耐心的倾听是一种高尚的品质，其中涵盖了包容、理解和谦虚。倾听是用心感受对方的需要，如果可以随之作出恰如其分的反馈，则更是可以增加彼此的互动互利。与其说倾听是帮助对方走出困境，不如说是在帮助自己提升智慧。

我们可以看到，在一场饭局中，善于倾听、尤其是愿意倾听带着些许情绪、心情不佳者的讲话的人，通常给人感觉非常有素养，自然就很容易通过饭局交到许多朋友。

利用饭局，广结善缘

当今社会早已告别了那个只身走天下的时代，每个人都需要在合作中求生存、谋发展。在做生意之前，最重要的就是广交朋友。有朋友，事事顺利；没朋友，寸步难行！正因为这样，很多人即使再忙也不轻易拒绝任何一场饭局。饭局犹如一张蜘蛛网，在这里你可以交到很多朋友，寻到很多机会。

卡耐基经过长期研究得出结论："专业知识对一个人成功的作用只占15%，而其余的85%则取决于人际关系。"

董思阳为什么会那么成功？如果你看过她的自传就会明白其中的道理。在她通往成功的每一个阶段，都会有朋友帮她。人脉的作用远远大于个人的努力。在你成功的背后，你一定要感谢很多人，正因为有了这些人，你才能够那么成功。

人脉是一种摸不着、看不到的东西，它不能像钻戒那样明码标价。但纵然如此，"人脉"的含金量依然远非钻石所能比拟。要知道，好的人脉是一份无价的财富。

很多人苦于自己没有人脉，也没有拓展人脉的渠道。其实，获得人脉的途径很多，饭局则是帮你增加朋友的最直接方式。

例如参加婚宴、寿宴的时候，你可以提早到场，并且寻找机会与陌生人进行有效的交流，久而久之，自然就积累一批"陌生人"朋友。然而这里需要注意的是，为了得到人脉而刻意讨好他人绝对不是明智之举。虽说现在社会上有部分人是带着功利色彩在与人交往，但也不乏有很多真心的朋友。更何况，和气生财，双方都会争取一种双赢，又何必贬低自己去刻意逢迎。

在公司工作，最大的收获并不是你赚了多少钱，积累了多少经验，而是你认识了多少人，结识了多少朋友，积累了多少人脉资源。这种人脉资源即使在你离开这个公司以后，还会继续发挥作用，成为你创业的重大资产。拥有它之后，你便可以在创业过程寻找救援。这才是你终身受用的无形资产和潜在财富！

其实，每个人都有一套积累人脉的方式，但是，如何才能有效率地提升人脉竞争力？黑幼龙指出，要提升人脉竞争力有许多技巧，但是，前提是必须具备"自信与沟通能力"。"你的舒适圈有多大？"一个没有自信的人，舒适圈很小，总是怕被拒绝，因此不愿主动走出去与人交往，更不用说拓展人脉。

据权威机构研究，世界上的谈判有80%是直接或间接在饭桌上完成的。饮食在人们的生活中占据着重要的位置，那么应该如何运用饭局进行人脉销售呢？成功的生意饭局不论发生在什么时间，都不应出现令生意人不愉快的话题。

在你认识了一些新朋友之后，他们会为你增加更多的饭局，这样一来，你的人脉就如同滚雪球般越滚越大，多个朋友多条路也就不再是难事。每一个老朋友都有可能成为帮你扩展人脉的"工具"，而每一个新朋友都可能因为几场饭局变成老朋友；走出饭局，每一个朋友都有可能在你的生活、事业等方面给予帮助。

利用饭局，广结善缘，在王品集团董事长戴胜益身上，绝对不是夸张话。

王品集团旗下共有9个餐饮品牌，3,000多位员工，年营业额约34亿元。一路的曲折与跃进，都可以从饭局中瞧见端倪。事业越大越需要广结善缘，而戴胜益则通过饭局这个工作，成功地做到广结善缘了。除了用分红制度给予员工高收入外，戴胜益也充分利用吃饭时间，彻底放下身段，赢取人心。

每年，戴胜益都会自掏腰包，请所有总监以上的主管及他们的家人，出门玩三天两夜，白天仍然安排会议，但到了晚餐时间，所有主管都会带着他们的太太、小孩与戴胜益一起用餐，40多人好不热闹！

用餐时，戴胜益会和每位家属谈天，他特有的幽默方式，把小孩、大人都逗得乐不可支。品田牧场总经理萧文杰说，他太太第一次参加宴会时很惊讶，觉得董事长怎么完全不像董事长。

总之，在成功的道路上，人脉有时候比知识、能力更重要，它让你在通往成功的道路上少走很多弯路。通过饭局加深感情、建立新人脉是现代交际中一种很重要的方式。饭局是一个沟通展示的平台，它会为你的成功铺路。

可以这样说，饭局已经远远超越了"吃"的本义，而变成了人际沟通、托人办事的流行方式。想要请人办事就要先拉关系、套近乎，而我们所想到的理所当然的途径就是通过吃吃喝喝来拉近人与人之间的距离。人在吃饭的时候往往是最放松的，尤其是几杯酒下肚之后。因此这种时候最利于沟通感情。吃饭所表现出的仪式感，很大程度上暗示了一种相互靠拢的亲密诉求。美味佳肴似乎能够唤起人们心底最柔软的部分，迅速拉近同桌共食者的距离。

在饭局中，要学会"投石问路"。遇到不易接近的人，"投石问路"绝对是你和他"拉近关系"的制胜法宝。不论是新朋友还是新搭档，尽量在讨论正题前聊聊其他"小事"，比如对方祖籍何处、所学专业、兴趣爱好，等等，这都是打开心灵之门的重要信息。

中国式饭局作为一种社交方式，在中国社会占据着重要位置。一圈人团坐席间，先不谈正事，而是吃吃喝喝，这样就没有势利感，这种"自己人"的感觉让彼此顿时较平日里又亲近三分。假若事情谈不成，大家喝喝酒，也不伤面子。

在交谈中，了解对方的个人信息，不但会让你轻而易举地摸清楚其行事风格，更可以掌握其基本喜好。当你获得这些信息后，就知道该如何与他建立良好关系了。谁会拒绝一个难寻的知己呢？

酒桌上适当的礼仪可以显示出双方对彼此的尊重，而尊重会将关系大大拉近。身为职场人士，我们都会不可避免地与上级领导讨论工作。如果有不同的意见，最恰当的表达途径就是通过饭局。而在饭桌上，你可以把委婉的言语带入和谐友好的气氛当中。得体的礼仪，真诚的态度和委婉的语言，既能体现出你良好的修养，又可以让领导更乐于接受你的建议。试问，哪个领导不爱贤能懂礼之士呢？对同事多加尊重，不仅可以使你周围的环境变得轻松愉快，也会让身边的人感受到你的真诚，这样一来，就会有更多的人愿意靠近你。

熟人之间的交往自然不在话下，那么对于陌生人呢？通过饭桌的洗礼，原本陌生的人完全可以变成熟人、朋友。变生为熟，不仅是我们赋予食物的意义，更是饭桌赋予我们的意义。在中国，多如牛毛的饭桌社交，早已给业务关系掺入了友情甚至类似亲情的关系。尽管这种关系很可能只维持短暂的时间，但对于很多人来说，饭局依然必不可少。

心理学实验表明，我们会把愉快感觉和正面态度附着在好的食物上，并且会波及美食周围的人。饭桌容易拉进彼此的距离，因此我们的潜意识里会更喜欢饭桌上见到的人，更接受饭桌上听到的点子。

对大多数人来说，所谓人脉、圈子、社会关系、资源、友谊、生意和交易，最后统统离不开饭局的掌控。边吃边聊，既饱了口福，又添了感情，难怪这么多人选择"饭局"式社交。虽然饭局多了也难免会有些累，但大多数人还是认为很值得。即使在饭桌之上并不能百分之百谈成生意，但这种沟通形式可以大大减轻人与人之间的陌生感，交流的气氛也更融洽。频繁的饭局使得很多客户和陌生人都成了老朋友。这就是中国式的"饭局社交"，看似复杂，却有着它非常独到的积极之处。

在饭局中，错综复杂的交际面

饭局可以说是中国人不可或缺的交际方式，饭局的多寡，代表社会关系的宽窄。不管是老板、经理、企业员工还是政府官员，也不管是男人或是女人，"在中国混的，少不了饭局"。

沈宏非告诉《美国周刊》记者："中国的饭局名目很多，有商务的、联谊的、死人的、生孩子的，每个饭局都有其功能，并且各地之间差异很大。"从根本上分析，中国始终是一个人情社会。

有些人认为邀请或者参加饭局都是在浪费时间，然而事实上这是一个错误的观点。人们在饭局上所花费的时间大多物有所值。

有人在做工作计划时，最先确定的就是要同哪些人碰面，甚至每周会安排四个早餐、四个午餐和两个晚餐来跟业务相关人士聚餐。这些人可能是客户，可能是朋友，或是某些有影响力的人，也有可能是潜在客户，等等。

这是极简单却非常有效的方式，毕竟自己吃饭也需要时间，何不将其利用起来拓展人脉呢。另外，在饭局上人的情绪往往较好，因此更容易结成深厚的友谊。拜访 10 位客户需要花费许多时间，可是利用饭局与客户联络感情，在还没展开正式工作之前，就已经联络了10位客户。像这样的吃饭机会，确实可以得到很有价值的回报。

如果你每年有700次的机会和具有积极影响力的人一起吃饭，可以想象你在个人和事业两方面会有多么明显的成长。

建立人脉圈子其实并不难，往往一个点会带出一个面，一个面会带出一个圈子，而一个圈子又会带出更多的圈子。如果你在饭局中认识了某医院的领导，恰巧又赢得了他的信任，那么你就有机会认识其他医院的领导，或许还可以接触到经他们治疗而康复的病人，在这些病人中，可能会有军人、公务员、教师，甚至是各单位的领导、干部。这样一来，在每一场饭局之后，你的社交关系信用卡上，都会增添一笔不小的金额。

饭局话题千万种，你至少应精通一项

在饭局中，不少人不敢开口讲话，因为他们觉得找不到适合的话题。群体谈话倒也罢了，遇到冷场总会有其他人挺身"救场"；但如果只有两个人，四目相对却无言可说，这样的尴尬不免会让人倍感压力。那么，该如何避免这种饭局冷场呢？

在选取饭局的谈资时，应该考虑以下几个问题：

1. 注意话题的档次与品位。交谈内容往往反映了个人教养、审美情趣、襟怀品格。要尽量选择那些自己熟悉和擅长的话题，如此才可以驾轻就熟，应付自如，自然更容易给人留下谈吐不俗的印象。相反，如果一味谈及陌生领域甚至一窍不通的话题，就会捉襟见肘，狼狈不堪。

2. 考虑参与者的积极性，引入正面的谈话内容。应选取参与者感兴趣的话题，充分调动他人的积极性，活跃现场气氛。另外，即使非正式场合，也要注意谈资的格调，谈话的内容要健康、高尚、合法。不能津津乐道于低级趣味、庸俗无聊的东西，热衷于荒诞离奇、黄色淫秽的东西。

在选择餐桌话题的时候，可以从当前的热点话题入手，炒作得越热，越容易和大家产生共鸣。

1. 天气情况：天气情况早已不知不觉中成为大家熟知的谈资，即使没有看天气预报，也可以随口对上几句，"今天的天气可真是糟糕！""不知道明天会不会有好转？"……这种没话找话的言语很适合作为社交场合的开场白，并且可以通过对方的回答来判断对方是否有进一步交谈的意向。

2. 公众热点话题：诸如当时的畅销书、轰动性的社会新闻、热门的影视片和音带唱片、重大的体育赛事，等等。热点话题不仅可以很好地避免冷场，还可以在不知不觉中了解对方的兴趣所在乃至个性特点。

3. 对方在行的话题：通过热点话题的讨论，你是不是已经大致了解了对方的长处呢？如果是，那么恭喜你，已经找到了另一个谈资。投其所好既可以避免无话可说，又可以显示自己的谦虚尊敬之心，在赢得对方好感的同时还增长见识，岂不是一举四得？

4.你感兴趣的话题：这类话题往往令你得心应手，其优点自是不必多说。然而这里有个细节需要注意，就是要多观察对方的反应。如果对方露出索然无味的迹象，则应适时停止，否则只会适得其反。

5.幽默的小故事：在空闲时间里，可以有选择地准备一些风趣幽默的故事，或者脑筋急转弯等，以备谈话时使用。如果你可以很好地利用生活中的资料，那么就不难赢得他人的重视，甚至可以成为饭局中游刃有余的掌控者。

总之，在饭局中与人交流需要一些你精通的话题，不管是体育活动、政治话题、新闻动态、流行时尚、趣闻轶事、股票基金，都可以成为饭局谈话的中心。找到合适的话题，饭局交际中的沉默也就不攻自破了。

善用小游戏将饭局升温

茶余饭后，众人经常天南地北地侃上一番。然而当聊天的热情渐渐退去的时候，玩几个无伤大雅的餐桌小游戏则会将整场饭局带入另一个高度。它不仅可以让整张桌子的热情重新复苏，还可以将这样轻松、愉悦的氛围持续到饭局散去，也渗透到每个人心中。因此，学会以下几个小游戏将大有裨益。

1.数7必罚：这是一个比较古老的游戏，简单而且实用，另外也是劝酒的最佳法宝。第一个人开始数数，按顺时针顺序依次进行，每逢7的倍数（7、14、21等）和含有7的数字（17、27、37等）则必须以敲桌子代替。若遇到以上情况没有敲桌子，而是直接数出来，则为失败。

2. 英汉数数：这也是一个与数字有关的游戏。第一个人数"1"，那么下一个人就要用英语数"two"，第三个人再数"3"，第四个人继续用英语数"four"，以此类推。数到10之后再重新开始。相信1~10的英语大家都能够倒背如流，至于反应能力，就要看你自己了。

3.7、8、9：游戏需要准备两枚骰子进行投掷。每人轮流掷骰，遇到点数为7可以指定一个受罚者，点数为8则相安无事，点数为9，那么很不幸，请你准备好接受大家的惩罚吧。真心话还是大冒险，喝酒还是搞怪，一切随你们而定。

4. 丢硬币：在一个直径较大的玻璃杯中注入水，一般距离杯口一到两毫米装满为宜。大家轮流放一个硬币入水，谁放进去的时候水溢出来了，则视为输。这个游戏的闪光点就在于水与杯口相平之后，看似水快溢出了，其实还可以放很多。这样一来，不仅调节了气氛，还可以带领大家真切地体会水的内聚力。

5. 接歌：当然，在兴致极高的情况下，可以选择接歌游戏。由一个人开歌，不少于两句，不多于五句，下个人唱的歌中，必须要有上一个人唱的歌词最后一字。接不上者视为输。

条件允许时也可以玩其他游戏，但一定要掌握好火候。有了这些小游戏保驾护航，聊天话题殆尽而带来的冷场就会彻底地远离你了，而劝酒也变得容易了许多。拿出你的法宝，一定可以让饭局急速升温，让大家吃得开心、喝得痛快、玩得尽兴。

饭局人脉学

跟谁吃·怎么吃·吃什么

第八章
精心布置一个完美的"饭局"

在闲暇之时邀上几位亲朋好友、生意伙伴小酌几杯，欢声笑语之间增进了彼此的感情。谁都会吃饭，但想要成功地布好一个"饭局"却是难上加难。一个成功的饭局，不但可以让宾客们吃得尽兴，还大大提高了主人的身价，给人留下深刻的印象；而一个失败的饭局，不但会影响与宴者的兴致，还有可能为主人的交际、事业埋下隐患。

备局须全面，谨防因小失大

备局，简单地说就是为宴请做局，也就是为宴会做好邀请、预定等各方面准备。例如要提前确定宴会的形式、宴请的目的和邀请对象等，要调动自己各个方面的积极因素为其做充分准备。一个善于做局的宴请者，往往懂得如何力争完美，如何在细节上取胜。

宴会作为商务人士交换意见的平台，其优点就在于可以在欢快的环境中让人们放下心中的隔阂，让领导变成朋友甚至伯乐。那么在这样的环境下，更应该努力营造轻松喜悦的氛围，切不可一时疏忽而酿成大错。

一天，上海一家公司的经理准备宴请一位重要客户。为了给客户留下一个好印象，经理亲自在一家有名的酒店预订包间并点了菜。为了体现出自己宴请的诚意，他点的都是酒店的特色菜，天上飞的、水里游的、地上跑的，无一不全。更值得一提的是，为了让来自异乡的客户感受到本地的特色，经理更是特意点了一份烤乳猪。

傍晚，客户来到富丽堂皇的酒店，对环境和服务都赞不绝口，随着佳肴一盘一盘地出现在餐桌上，客户的雅兴也越来越高。然而就在那份烤乳猪上桌时，客户却突然沉默了，脸色也是十分难看。经理不明白为什么气氛突然就急转直下了，还一直推荐"烤乳猪"这个特色菜想挽回原本热闹的氛围。不曾想却越描越黑。最后客户甩手离开，经理才意识到，客户是一名素食主义者，当然会对其行为很反感。生意没谈成，经理后悔也为时已晚。

由上述案例我们知道，饭局之中，要想安排令宾客满意的饭菜，吃得既美味又舒适，并非易事，绝对不能想当然地随便处理。也许你的好意安排，反而触犯了别人的忌讳。因此，一定要在宴请之前，对所请客人的民族习惯和宗教信仰进行一番较为详细的了解，这样在宴请的时候才能做到有的放矢，避免还没做局就已出局的尴尬事情发生。

失败的宴请往往会成为你交际中的败笔，它会使他人对你的诚意和能力产生怀疑。所以，无论你是为了求人办事或其他原因宴请别人，都不可有丝毫大意，一定仔细并尽心地做好充分准备。

有备无患，应对各式饭局

宴请是一个永恒的考题，在宴会结束之前，你永远不知道席间可能会发生什么事，所以在宴请前，必须要未雨绸缪，精心设局。所谓设局，就是设一个好的局，一个能够自我完善的局；需要谋局者事先统筹规划，考虑到可能发生的种种情况，力争做到万无一失，才能最后稳操胜券。一个好的局绝对不是一蹴而就的，它往往需要做局者在做局前精心准备，这个精心准备的过程就是设局。要想设一个好的饭局，设饭局者必须要有全局观念，要将宴会中所有可能出现的问题扼杀于萌芽状态。只有这样，设宴者才能占尽天时地利人和，抢占制胜的先机。

在一个好日子里，王某和其未婚妻将要举行婚礼，他们早早就发出请柬邀请了一些同事与朋友前来参加婚宴。好事成双，当天在同一酒楼有另外一对未婚夫妇也将举行婚礼，为了避免两家客人走错，双方约好凭自家请柬入场。

客人们陆陆续续地到来，王某的上司周主任和他的妻子也来捧场。周主任先去停车场停车，让夫人先进。然而等周主任打算进入宴会厅时，却被拦住了。原来王某只给每对夫妻发了一张请柬，而周主任把他们夫妇的请柬给了妻子让其先进去。就这样，因为王某的一时疏忽，将自己的顶头上司拦在了婚宴门外。

虽说后来王某出来迎接并带周主任进入了宴会厅，然而可想而知，任谁吃了下属的闭门羹也不会有好心情了。如果王某可以提早预料这样的情况，一定不会吝惜这一张请柬。

在国际标准中，夫妻双方是可以只发一张请柬的，然而在中国，很多时候都是必须凭请柬入场。在这样的情况下，就更适合按实际人数来分发了。如果只因为这样的小事照顾不周导致客人甚至自己的领导有意见，真的得不偿失。

所以说，无论是设宴请客还是应邀赴宴，都应该未雨绸缪，预先考虑宴会中可能发生的事情，提前做好准备，这样才能将自己淬炼成"会吃会喝"的宴会高手！

以巧妙布局，换取最大利益

《辞海》里对于布局一词的解释是对事物的结构、格局进行全面安排。要想布置一个好的饭局，首先我们要知道怎样才能使客人顺着你的意愿开开心心地吃下去，听下去，合作下去。好的布置，会使饭局天衣无缝、水到渠成。

那么首先，应该做的就是了解其喜好，并且投其所好。很多时候，直奔主题并不是一个好方法，那只会打草惊蛇，令人觉得你俗气，从而心生厌倦。我们应该学会如何环环相扣，将对方引入自己的局中，并让他明知是局却也心甘情愿。

例如为了拿到单位的分房指标而请经理吃饭，那么一定不要直奔主题的谈及房子的问题，否则只会让经理觉得你这个下属总是为了自己的利益麻烦他。那么究竟应该如何做呢？其实正确的做法应该是，先了解清楚经理的喜好。如果他喜欢红酒，那么就备好上乘的红酒等着他；如果他喜欢香烟，就备好高档的香烟留给他。其实就算你不说，经理心中也有数，也明白这些好礼是为了什么。那么这个时候，你就可以谈一些现实的情况了。例如家中经济条件其实相对较差，这么久了都没有买起房子，那么经理自然明白你的弦外之音。

有时候，无声胜有声，双方都不点破主题，但事情依然水

　　劝酒时要把握分寸，不要盲目地劝酒，这样不但起不到调节气氛的作用，还会使友好的关系产生裂痕，要因人而异，因地而异。

到渠成。聪明人应该学会环环相扣地达到自己的目的，切不可急躁、轻浮。

求人办事，请人吃饭，一定要巧妙布局。布局时要注意投其所好，只有这样才能事半功倍。首先你必须让对方心甘情愿地来赴宴，甚至主动提出帮你成事，否则你即便再怎么投入，对方也不一定会领情，你的设宴就会变得毫无意义，你的最终结局可能就是"赔了夫人又折兵"。所以，请客吃饭要细心思量，找到对方最好的切入点，并且做得滴水不漏，让对方找不到丝毫破绽，这样他才会在不知不觉间"上"你的"钩"。

学会打破僵局，冷场是饭局的杀手

经常听身边的朋友埋怨说在一些饭局中，由于陌生人太多，生疏感使大家没有共同语言，而产生了冷场。一顿饭下来几乎都是在沉默中度过。偶尔的眼神交汇，大家也都立即收回目光，闷头自顾自地吃喝。一场原本应该热热闹闹的饭局因为冷场而变得了无生趣。

其实，饭桌冷场这种现象并非只出现在与陌生人的交往中。在人与人交谈的过程中，由于话不投机或是不善表达，也会导致饭桌冷场的发生，这是非常令人头疼的事情。

饭桌冷场通常分为两种情况：一种是单向交流时，听的人因为听不懂或是不感兴趣，而导致的注意力分散，无法集中精力；另一种是双向交流时，听的人毫无反应，或者仅以"嗯"、"噢"之类的言词应付了事。饭桌冷场的根本原因在于发言者的话题没有足够的吸引力。听众仅仅出于纪律的约束或处世的礼貌而扮演一个被动的"接受"的角色。因此饭桌冷场完全应由发言的人负责。

饭桌冷场的出现，就是发言者的失败，因为他不能达到彼此沟通交流的目的。发言者既然要发言，就必须实施控制，避免饭桌冷场的发生。

避免饭桌冷场发生的办法有如下几种：

1. 发言简短。单向交流时，应景式讲话越短越好。如在与同事聚餐时，期间有领导出席，那么餐前领导发言是必不可少的。饭桌上，领导的发言越简单明了越好，通常几句慰问加上几句鼓励的语言足以。双向交流时，任何一方都不要滔滔不绝地包场，要有意识地给对方留下发言的时间和机会。自己一轮讲不完，应待对方有所反应后再讲，不要一轮就讲得很长。

2. 中止交谈。任何发言者都不愿碰到冷场，但若这种情况出现后，自己又采取了诸如简短发言、变换话题、加强语气等控制手段，仍然不能扭转饭桌冷场的局面，那就应中止交谈。长时间的饭桌冷场对交流双方无非是在浪费时间。比如你同他谈体育项目他无兴趣，变换话题他仍无兴趣，就不用再谈下去了。这叫作"话不投机半句多"。

3. 变换话题。当众讲话时遭遇饭桌冷场可通过暂时变换话题的办法吸引听众的注意力。比如在饭桌上，你正在与大家分享一些工作体会或是自身经历，可是其他人却在三三两两地交头接耳、窃窃私语，或是东张西望地看热闹，那就证明这个话题并没有引起大家的兴趣，这时你就要立刻转到下一个话题。双向交流的话题变换是不定的，应根据现场情况随时进行。比如你与别人谈今日凌晨看的一场世界杯足球赛的现场直播，可别人并不喜欢足球，也没有在半夜里爬起来观看，对你所说的话题显得毫无兴趣，致使出现冷常，这时，你就应及时转移话题。

我们必须保证谈话的话题有趣、有益。"曲高和寡"，会导致饭桌冷场；"淡而无味"，同样会引起饭桌冷场。不希望出现饭桌冷场的交谈者，应当事先做些准备，使自己有一点"库存话题"。

下面的话题，可供饭桌冷场时"救急"之用：

1. 影视戏剧、明星、娱乐新闻。

2. 某地的风情、特产。

3. 对方事业上的成就、工作上的情况。

4. 对方的健康。"身体是革命的本钱"，每个人都关注自己的身体状况。

5. 对方的家人、朋友。"人"是谈话永恒不变的话题。

6. 对方的爱好、兴趣。当谈论自己熟悉的事物时，每个人都会有话说。

总之，打破饭桌冷场的话题，"聚焦点"要准，"参与值"

要高，即话题应是共同关心、能引起注意、人人可参与意见的话题。另外，在选择话题时，要注意顾及每个人的感受。如果你所说的话题有可能引起在场者的尴尬和不快，即使此话题再能活跃气氛，引起大家的讨论，也不宜作为打破饭桌冷场的话题。否则"一人向隅，举座不欢"。比如，某人近期工作不顺，你就不要在他面前谈论别人升职之事了。有人近期丧子，一般就不要当着他的面大谈儿女之事，以免勾起他的伤感。关心、体谅、坦率、热情、真挚，是打破饭桌冷场的最有力"武器"。

避免饭桌冷场是谈话的首要也是必要条件之一，万一出现饭桌冷场时，要尽量地采取有效措施，积极应对，可以用下面的做法打破饭桌冷场：

1. 提出一件事情，或者一个人，询问对方的看法和意见，活跃谈话气氛；或向对方介绍一个人、一件事或一样东西，以转移注意力，激发他们重新开口的兴致。

2. 讲个笑话，开个玩笑，再巧妙地转入正题。

3. 拉家常，问问对方家人的情况，缓和一下气氛。

4. 就地取材，对当时的环境、陈设等发表看法，引起讨论。

只要以这样的方式去努力，相信这个世界上没有不能融化的"坚冰"和不能打破的僵局。学会暖场，对破坏饭局气氛的饭桌冷场说"Bye-bye"！

收局应画龙点睛，众人齐欢乐

收局意味着收获果实，但不是每一种果实都意味着胜利的甜美滋味，也可能是酸楚与苦涩，所以在饭局上收局注重的是双赢，要求宾主双方都能获得一定利益。如果局势只倾向于一面，那么居于下风的一方难免心存不满，从而为以后的交流合作、生意往来埋下隐患。

那么，怎样的收局方式才能称为完美？难道是为了自身利益而穷追不舍？大错而特错！我们要注意的是，一定要为自己的将来留有余地。你可以打持久战，磨其耐性，也可以打地道战，敌明我暗，或者你也可以挑拨离间、坐收渔翁之利，但你唯一不能做的，就是一棒子打死。现在的社会，能够共赢才是最好的结局。

那么，如何能达到共赢呢？首先，不能虎头蛇尾，一定要从始至终有着出色的表现，另外，还要表现出诚意。

有这样一个实例。某公司的销售人员小可，为了销售一批原材料，决定请客户吃饭。席间大家对于合作的事情聊得十分愉快，小可觉得，这笔生意应该八九不离十了。然而到了结账的时候，由于正处在用餐高峰，服务员一时照顾不周，让他们等了十几分钟。小可终于沉不住气，对着服务员大呼小叫起来。

小可只顾着和饭店的服务人员吵架，甚至连客户什么时候走的都不知道，更谈不上预约下一次见面或是安排车送他离开了。

就在小可以为自己肯定可以拿下这笔单子时，客户却再也没有与他联系过。

这件事值得我们深思。像这样虎头蛇尾的做法，其结果必然是"赔了夫人又折兵"。因此在饭局中，我们不仅要注意过程中的细节，更不能放过最后点睛之笔。可以说，如果能在饭局最后顾及对方的感受，将会给对方留下更长远而深刻的印象。

一场完美的宴会，进行到最后很不容易，所以越到最后越要小心谨慎，要力求宾主尽欢，切忌因小失大。要知道"一步走错满盘皆输"，一定要在最后的时候收好局，并为下一次布局做好铺垫，这样才算是给宴会画下了一个完美的句号。

第九章
饭局只是一个起点

交易总是让人觉得无情，而融入了些许"交情"的交易却容易让人接受些。饭局正是一架拉近人际关系的桥梁，正如俗语所说，"酒杯一端，政策放宽；筷子一提，可以可以"。其实，饭局只是一个跳板，懂得驾驭饭局的人终会借助饭局这个"跳板"跳得更远……

"第二职业"究竟是风光还是遭罪

曾有一位官员在他的博客上发表一篇文章，其中有一段是这样的："为什么我的血脂偏高？医生告诫我，不要大吃大喝。可是，晚上，我又不得不出去吃喝了，因为，吃喝于我也是一件工作。这是中国行政人员的特色，似乎更是整个中国大小行政系统的特色，不管你是人瑞还是俗子，只要你步入行政这个行当，你就是身在江湖，心不由己了——领导要求安排的饭局，朋友往来必需的饭局，业务交流少不了的饭局。求人或被人求，感谢别人或别人的感谢；业务拓展，加深'友谊'，自己或为他人办事，等等，都少不了饭局。于是，直接的代价就是，伤害了自己的身体，投了别人的所好。"

这篇文章一经发表，立即引起了网友们的热议，很多网友都留言说"如今的饭局已经成为职场和官场的第二职业了"。另一些网友表示说当今社会多一些人情味是可以理解的……总之网友们对此事看法不一。

无论在政府、党群机关，还是在企事业工作，只要你想游走于官场或是职场都必须学会、领悟那些无形胜于有形的带有中国特色的"饭局潜规则"。因为那无形的规则将会影响你的工作和生活，并且直接影响着你的未来，甚至影响到你的生命安全。

卫生部发布的《中国成人血脂异常防治指南》指出，心血管病目前已成为我国城乡人群的第一位死亡原因，占我国居民死亡原因的近40%。研究表明，我国人群血脂异常检出率明显增高，1.6亿人患有各种类型的血脂异常，而社会精英阶层的企业家、政府官员则是此病的高发群体。

近些年来很多细心人士不难发现，参加各类不同的饭局，已经成了官场、职场各位大大小小的领导的第二职业了。宴请领导其中的用意不难理解，无非就是两种。一种是庆功宴的。

在工作上取得了好成绩，或者升职，请客吃饭一方是感谢领导平时的提拔和照顾。另一种则是铺路型。有求于人或是想要通过领导得到一些实惠，如加薪、提干，等等，既然是有求于人自然少不了先意思意思。

王先生是一家私企的经理，经常有客户请他出去吃饭。当然，也是有求于他。王先生碍于情面，不好意思推却，几乎是有请必到。时间长了，夫人甚至调侃他说："应付饭局都成了你的第二职业了。"

王先生苦笑着说："人在职场，身不由己啊。"

在中国，"吃"是万金油，尤其是在物质短缺时代，"吃了别人的嘴短"，这一招特别管用。但是别忘了，对于领导来说，他们早就过了温饱阶段，除非是为了业务，否则根本不会为了吃饭而吃饭。所以，身为下属，邀请领导吃饭要慎重对待，即使与领导之间有深厚的交情也不可大意。

"有朋自远方来，不亦乐乎"，自古以来，热情好客都是我国的传统美德。但近年来这一传统美德被不适当地在公款消费中夸大运用。大小会议吃喝、检查评比吃喝、工作协调吃喝、纵横向联系吃喝、权力寻租吃喝……"陪吃、陪喝"也成为基层干部沉重的包袱，"陪吃、陪喝"之苦实际都是公款吃喝这种腐败惹的祸。

大部分官员表示，每天应酬不断、饭局不断，而这种想不想吃都得陪的饭局并不快乐，而这"第二职业"看起来很风光，实属遭罪。很多官员对此表示十分无奈，许多基层干部一聊起吃喝，似乎有倒不尽的"苦水"。"有时候不是一天两餐，而是一餐几桌。这种像工作日程一样准时，又不得不去的饭局，何时才能了结啊！"

不可忽视的第三因素

吃饭从单纯地为了填饱肚子发展到了今天，已经演变成了多种形式的饭桌艺术。饭局是一门学问，掌握技巧不容易。当饭局渗透城市之间，便沾染了城市的习气。其实对于饭局而言，跟谁吃比吃什么更重要，饭局的一切学问都在于交流之中，不然就谈不上"局"了。

然而聪明的商家就抓住了这个商机，在这个"情"字上可谓是大费脑筋。如今的饭局兴起了"新三陪"服务，乍一听起来，似乎有一些色情的味道在其中，其实不然，"新三陪"和人们熟知的那种"三陪"并不相同。原来人们熟知的那种"三陪"，是以提供色情服务为娱乐目的的，而"新三陪"大多是在餐桌上，服务人员则多以陪吃、陪喝、陪聊来为客人提供饮食乐趣。色情三陪服务的主体人群一般是男人，而"新三陪"的主要服务对象则是掌握权力的企事业领导或地位显赫的官员，然而"新三陪"的功夫主要体现于嘴上，首先要在"品"上有着炉火纯青的功夫，并且要见多识广、反应敏捷、幽默风趣，看来"新三陪"这个新兴的职业将职场、官场饭局中的艺术渲染得淋漓尽致。

如今，许多聪明的生意人，不惜花费不小的费用邀请一些"金牌饭局三陪"来讨客户的欢心。而与一笔生意相比，那些所谓的"重金"却只是九牛一毛而已，与其在饭桌上四目相对，生拉硬扯地找话题，不如把调节气氛的任务交给"饭局三陪"，美女一到，光是看着就很养眼，让男人多了几分满足感，再加上如簧巧嘴锦上添花，生疏感顿时烟消云散，轻而易举地拉近关系，为自己多加了不少胜算，何乐而不为呢？越来越多的应酬饭局对"饭局三陪"的需求越来越大，要求也是越来越高。作为一个优秀的"饭局三陪"不仅要有一个较好的外形，当然也要精通语言艺术。

有一些"饭局新三陪"在接受记者采访时谈到，作为一名成功的饭局"新三陪"，灵气很重要。就"陪吃"、"陪喝"来说，并不是只顾自己的吃喝就可以了，你还要注意饭桌上的菜是否适合客人们的胃口，每个客人什么时候该添酒了；其重点在于"陪聊"，一般"新三陪"要求文化程度不能太低，知识面一定要广，并且要懂得幽默，得有眼力见儿，在谈天论地的过程中，三五回合就要正中下怀，叫客人心甘情愿把敬酒喝下去。机会只留给有准备的人，所以就得学会见缝插针。一般来讲，客人基本为男性，而男人大都喜欢聪明的小女人，很多事情要一点就透，但又不能表现得比客人还聪明，大智若愚才是真正的窍门所在。从某种程度来看"饭局新三陪"的出现无疑是给这个商务谈判的土壤增添了一份催化剂。

"饭局三陪"成了当下各行各业中的新宠，从越来越频繁的应酬饭局看去，"饭局三陪"则有望成为一种新兴的热门职业。而"饭局三陪"则会凭着一张善饮健谈、妙语连珠的利嘴"吃"出一片天。

酒到方能"渠"成

许多事情在酒桌上的成功率要远远高于在其他场所。所以大家不难看出，酒场也是生意人和许多官员经常出席的场合，无论你是想要谈生意，谈工作，还是求人办事，但凡想要取得成功，自然少不了组织一场饭局喝上一顿。酒具有推波助澜的作用，于是酒也自然而然地成了各界成功人士的好帮手。酒其实能够给人壮胆，麻痹人的羞怯心理，使人放下沉重的锁链，得以放松。爱酒之人，大多是已经领悟了人生的微妙。况且，酒桌上会大大拉近人与人之间的距离。

有求于人做东请客吃饭时，酒桌上难免要给"贵人"敬酒，就这敬酒，还别有一番讲究。要是想让这位"贵人"喝得痛快、喝得到位，就要看主人的三寸巧舌了。在宴席上侃侃而谈，幽默风趣又不失道理的谈吐，绝对会语惊四座，运用语言的功能来驾驭酒场上的人，往往为客人所叹服，为了沟通感情，建立良好的关系，进而为以后的大路铺垫下了坚实的基础。

劝酒并不只是多多益善，而是要劝对方适时适量适度，宁愿"劝君少饮一杯酒"，做到让大家乘兴而来，尽欢而去。一定要秉承"酒不醉人人自醉"的原则，坚决破除"但使主人能醉客，不知何处是他乡"的观念和不让宾客喝好、喝倒就不够热情的思想。喝酒并不一定要醉，尽兴就好，喝太多反而容易误事。

只要求人办事，需要通过亲人朋友与"贵人"拉上关系，那么吃上一顿就是必然了。而饭局也就成了求人前的开场仪式了。单位的饭局：同事之间，是为了互相照顾工作；上级请下级，为了维持稳定，鼓舞士气，收买人心；下级请上级，为了升职、涨工资、部门调动等不胜枚举。

李先生的儿子大学毕业，虽说是名牌大学，但是工作也并不好找。毕业半年多了，一直找不到合适的工作。李先生为此很是着急。

有一天，李先生的一位朋友打电话给他："老李啊，我听说你儿子还待业在家呢？我这正好有个朋友王××需要用人，你让你儿子去试试吧？"

李先生很高兴地一口答应下来。过了几天，李先生带着儿子，与他的那位朋友以及王先生一起吃了顿饭。席间李先生的儿子频频向王先生敬酒，并且充分展示了自己的才华，很受王先生的青睐。一顿饭下来，这事就成了。李先生的儿子终于在王先生的公司找到了合适自己的工作。

喝酒能办成事，喝酒能赢得领导的好感，喝酒能使自己得到提拔重用，所以基层的干部几乎没有不会喝酒的！很多干部都有很严重的胃病，有的患了高血压、酒精肝等疾病，甚至有的患有胰腺炎、肾病，但酒还是照样喝，也许，这就是"酒"到渠成的副作用吧。

俗话说"无酒不成宴"，人们在生活中总免不了要吃饭喝酒。酒在人际交往方面有着重要作用，人离不开交往，而酒则成了人们交际的润滑剂。酒到方能渠成，善于利用喝酒来谈事往往是成功人士的必修课。

就地取材，饭桌上的话题不妨从养生开始

在饭局中，你的话题可以"就地取材"，就以餐桌上的养生入手，一方面让领导看到你细心、善于观察、体贴入微的一面，给领导留下一个"此人可以提拔"或者"此人可以归为心腹"的印象；另一方面，就地取材也可以缓解餐桌的气氛，让这顿饭吃得轻松一些，看起来单纯一些。想得到领导的赏识和好感并不是只有"拍马屁"这一种方式。

小玲在一家大公司给总经理当秘书，经常要陪总经理出去应酬饭局。

有一次总经理又带她去陪一个大客户吃饭。餐桌上的

饭局无处不在，结婚有饭局，升学有饭局，赔礼有饭局，办事有饭局，过节有饭局，跳舞有饭局，开会有饭局，升官有饭局……

菜尽是大鱼大肉之类的油腻食物，身材已经严重发福的总经理脸上露出不满的神色。

小玲看在眼里，想了想，对总经理说："总经理，咱再点一些蔬菜怎么样？您看这满桌子的好菜，虽然丰盛，但是从养生的角度讲，还是有一点欠缺啊。"

总经理闻言，示意小玲接着说下去。

小玲不慌不忙地说："人过中年，食当清淡。吃太多的油腻对身体非常不好，油脂堆积在身体里不容易消化和排泄出来。要是搭配着吃一些蔬菜，用蔬菜里的植物纤维来帮助吸收和消化，那对身体就非常好了。所以，咱们不妨再点一些黄瓜、芹菜之类的蔬菜，您吃着也舒服。"

总经理点头称好，而客户也为小玲的养生博学所折服。这一餐吃得既营养又愉快。

要想在领导面前有板有眼地说出你的养生观，就要提前做好充足的准备，不将墨水吸足，怎么在用时吐墨？当然，如果你与领导关系较近，你也可以在点菜时索性就帮领导做次主，点些健康食物，当然还要在上菜之时加上你的简短述说，让领导肯定你及你点的菜。

以下内容可以作为参考：

1. 荷塘小炒：藕的药用价值很高，是老幼妇孺、体弱多病者上好的食品和滋补佳珍。莲藕的含糖量不算很高，又含有大量的维生素 C 和食物纤维，对于肝病、便秘、糖尿病等一切有虚弱之症的人都十分有益。木耳含有维生素 K，能减少血液凝块，预防血栓症的发生，有防治动脉粥样硬化和冠心病的作用。胡萝卜能提供丰富的维生素 A，具有促进机体正常生长与繁殖、维持上皮组织、防止呼吸道感染与保持视力正常，治疗夜盲症和眼干燥症等功能。胡萝卜内含玻珀酸钾，有助于防止血管硬化，降低胆固醇，对防治高血压有一定效果。

2. 山药木耳：山药又名淮山，淮山药。性平、味甘。其块茎富含多种必需氨基酸、蛋白质及淀粉，具粘液质、尿囊素、胆碱、纤维素、脂肪、维生素 A、维生素 B_2、维生素 C 及钙、磷、铁、碘等矿物质，可提供人体多种必需的营养。山药最大的特点是能够供给人体大量的粘液蛋白。这是一种多糖蛋白质，对人体有特殊的保健作用，能预防心血管系统的脂肪沉积，保持血管的弹性，防止动脉粥样硬化过早发生。黑木耳中所含的蛋白质、脂肪、糖类，不仅是人体必需的营养成分，也是美容的物质基础。其胡萝卜素进入人体后，转变成维生素 A，有润泽皮肤毛发的作用。卵磷脂在体内可使体内脂肪呈液质状态，有利于脂肪在体内完全消耗，带动体内脂肪运动，使脂肪分布合理，形体匀称。纤维素促进肠蠕动，促进脂肪排泄。

3. 西芹百合：经常吃些芹菜有助于清热解毒、祛病强身。肝火过旺、皮肤粗糙及经常失眠、头痛的人可适当多吃些。芹菜含铁量较高，是缺铁性贫血患者的佳蔬。芹菜中含有丰富的钾，是辅助治疗高血压病及其并发症的首选之品，对于血管硬化、神经衰弱患者亦有辅助治疗作用。而百合具有养心安神、润肺止咳的功效，食用百合可以润肺防燥。

4.苦瓜虾仁：苦瓜含有丰富的维生素 B、维生素 C、钙、铁等，李时珍说苦瓜具有"除邪热、解劳乏、清心明目、益气壮阳"之功效。据研究发现，它具有明显的降血糖作用，是三高及糖尿病患者的首选食物。

其实，现在越来越多的高层们因为过多的饭局，不良的饮食习惯，以及几乎为零的运动量，身体开始敲响警钟。这时候，养生就成了最前卫、最有用、也最让人关心的话题。

游走于各种饭局之间，吃了上顿吃下顿的领导们尤其应该注意到引起三高的罪魁祸首，合理地安排饮食是十分必要的。但大部分领导们根本没有办法去安排自己的饮食。这就是你展现热心、贴心、尽心、忠心的时候了。

高盐饮食会导致人的身体内水钠储留，久而久之，会引起高血压等心脑血管疾病，高糖、高脂肪饮食会导致人的身体肥胖超重，体内的胰岛素抵当增加，反馈性引起胰岛素过分分泌，久而久之，胰腺不堪重负，胰岛 β 细胞功能受损，导致 2 型糖尿病的发生。所以近年来年轻人患高脂血症、高血压、糖尿病，冠心勃急性心梗、脑卒中的几率愈来愈高，年轻人因此猝死的概率也逐年增加。所以，平时不宜多吃高脂肪、高热量的食物，如动物内脏、动物脂肪、奶油、巧克力等，宜多吃蔬菜瓜果、豆制品、瘦肉、鱼、植物油等，养成健康的生活习惯。

油炸、烟熏、腌渍食品好吃，易久放。冬天，新鲜蔬菜相对贵一些，把炎天时节腌制的蔬菜拿到餐桌上，不仅经济实惠，而且增加食欲。但腌制食品中常存在一个隐患，就是"亚硝胺"：油煎食物含多环碳氢化合物；烟熏食品含 3,4- 苯并芘。这些都是导致肿瘤的罪魁祸首。别的，常吃烟熏、腌渍食品和精大米面，维生素缺乏，易导致坏血并脚气病等。所以，吃蔬菜、肉、鱼等，还要以新鲜的为宜。并且要多食糙米、粗粮等。

现代人应酬多，吃大鱼大肉、肥甘厚腻机会多，饮酒也多，每次聚会似乎不豪饮一番就不够哥们义气。殊不知，长此以往，患上脂肪肝的几率十分高。而且酒中的主要成分乙醇会使肝细胞发生变性坏死，导致酒精性肝玻酒精性肝病的病理变化为：脂肪肝——酒精性肝炎——肝硬化，肝硬化可发生诸多致人死命的并发症：如上消化道大出血、肝性脑并肝水臌并自发性腹膜炎、肝肾综合征、原发性肝癌等。

了解到了这些，再用如簧的巧舌加以渲染，体现出你的细心和关心，自然可以轻而易举地博得别人的尊敬和好感。

一场好饭局可让"交易"变"交情"

我国从古至今都非常重视情，在我国古代有诸多经典的交情，如：管鲍之交——管仲和鲍叔牙；知音之交——伯牙子期；刎颈之交——廉颇相如等，直至今日还广为流传。交易与交情看起来像是扯不上关系的两个词，但两者实际上存在着微妙的联系，如果可以把交易中掺入适当的交情，那么就会大大提高交易的成功率。

　　某厂的张厂长正在与一个大客户谈一笔生意，而这笔生意正巧也被其他几个同行给盯上了，所以在谈这笔生意的时候，出了一些状况。负责这件事情的客户代表王秘书一直在这几家竞争的厂子中比较、挑选，迟迟没有做出决定。

　　突然有一天他在电视上看到了这样一则报道："很多艺术家都有自己非常得意的作品，而这些作品通常都是令他们难以舍弃的。所以，那些作品不管任何人出多少钱他们都不会卖掉。但是很多艺术家会用自己的作品与其他艺术家的得意之作进行交换。当然，交换这也是交易的一种方式。在这种交换中不难反映出艺术家之间的关系。有些交换是出于欣赏，而有些交换则是出于交情！"

　　在看到这则报道之后，张厂长豁然开朗。在交易中融入一些交情，自然会事半功倍。张厂长几次与王秘书共进晚餐，虽然并没有达到什么效果。但是却让张厂长了解到王秘书对书画甚是喜爱。

　　几天后，张厂长就叫来秘书，让秘书整理好了一些产品的资料，并致电给王秘书，约他一起吃个便饭。

　　王秘书准时到来，带着一脸的严肃表情。张厂长看到王秘书如约而至，心里就有谱了。在餐桌上，张厂长频频向王秘书敬酒，一副久违的老友重逢的亲热劲。待酒过三巡，王秘书红光满面，那一脸的严肃正直也渐渐退去，取而代之的是一脸可掬的笑容。张厂长见此，立刻拿出提前准备好的礼物献上，"王秘书，听说你喜欢玩字画。我正好有这么一幅画，是别人送的，我对这东西也搞不懂，今儿个顺便给它带过来让您给瞧瞧。"

王秘书接过画打开一看，爱不释手地将这幅画出自于哪位名家之手，作品画于何年、什么背景之下等情况娓娓道来。

张厂长听完连连拍手表示佩服："王秘书您可真不愧是行家，我对这东西实在是提不起兴趣，这画在我手里也是浪费，您要不嫌弃，就全当是借花献佛了。"张厂长将画卷推到王秘书手中，然后提起酒杯，"来，王秘书，咱干一杯，然后让我来给您讲讲我在行的东西。"

王秘书收了人家的画，自然也就随坡就势，跟张厂长拉起了交情。张厂长看到事情正朝着自己预期的方向发展，自然也就成竹在胸了。

几杯酒下肚，张厂长拿出了自己厂的产品资料，向王秘书一一进行解释，将产品与其他厂的产品进行了分析和对比，突出了自己产品的优越性和性价比。王秘书并没有在饭桌上与张厂长签订合同，但是这一顿拉交情的酒确实喝到位了。

没过几天，张厂长的秘书美滋滋地告诉张厂长客户那边经过再三考察，终于决定与厂里进行合作，并在下午进行签约仪式。

谈生意上酒桌，这几乎已经成了当今社会的主流做法。生意成不成，往往取决于一顿饭。一顿好的饭局，可以增进双方的感情，加深对彼此的了解。在饭局中，原本是冷冰冰的交易，如果变成了深厚的交情，那么事情的成功就是势在必得的了。正如上例中的张厂长只是略施"小计"，便把一场纯粹的交易关系融入进了交情的色彩。于是，这场生意被他轻而易举地拿下了。

看来谈生意并非一定要在办公室守着办公桌去谈，只要你饭局设得好"交易"也能变成"交情"，也因此可以让你在起跑线上就胜于其他墨守陈规的人了！

席间莫谈公事全凭"情义"搞定

通常善于办事的人，在喝酒的过程中，一般都不会直接说要办什么事，而是等到脸红耳热之际，情绪浓烈之时，以迂回曲折之法徐徐道出，则大事可成。

很多人并不会用这种方式，很多时候请客吃饭就是为了求人帮忙，所以饭局一开始就心急火燎地将事情拿出来说，这样通常都不会达到最终的效果。为什么呢？很多人认为，吃饭不就是为了谈事，那不趁着清醒的时候把事情办完，还等什么呢？

其实不然，试想，如果有人请你吃饭，在忙碌了一天以后，你最想得到的是什么？是工作上的事吗？是再给自己平添一些压力吗？不是的！一个人在忙碌了一天之后，最想得到的自然是放松！吃饭应该是一件令人心情得到放松的事情，吃饭的时候应该是一种享受，所以要保持一种愉悦的心情。如果在你享受美酒佳肴的时候，有人将你的工作突然全部都搬出来，堆在你的面前，你还会有心情去享受这顿美食吗？自然是不会。

饭局，作为一种最为人所接受的社交方式，向来在社交中都占据着相当重要的位置。大家有机会围坐在饭桌上，要办的事先放一放，绝口不提，要知道你现在在干嘛，是请人吃饭！所以，在饭桌上一切以吃、喝二字为主。就像小品中"牛大叔"的那句"吃好喝好，喝好吃好"，这样就没有势利感，也没有了陌生感，一种"自己人"的感觉让彼此顿时比平时亲近三分，这样更可以为你即将要求人的事多添加一份保障，当然即使这件事情不成，情意还在，在酒桌中也不伤面子，而且也为下一次甚至是以后 N 次的合作起到铺垫的作用。

小孙和小赵两个人都是某单位的精英，都非常受领导的器重。最近公司有位主任被提了干，到总公司去走马上任了，于是这个位置也就空了下来。

大家私底下都在议论说，这个位置一定是小孙和小赵其中的一个。小孙和小赵听了，都开始纷纷打起了自己

205

的如意算盘。上司平时非常喜欢吃鱼,每次公司聚餐的时候,上司都对鱼情有独钟。于是小孙和小赵都开始在鱼身上下工夫。

小孙是个急性子,想到了就立刻去做。于是小孙立即行动,下班后就邀请上司一起吃晚餐。席间,小孙为上司点的菜以鱼为主,就像全鱼宴。上司看到了一桌子的鱼,似乎一天工作带来的不快都放下了,举起筷子正准备美美地享用一番的时候,小孙表情凝重地提起了同事们正在议论的提干的事,并且说自己比小赵来得早,在工作方面也一直不比小赵差,所以自己比小赵更有资格坐这把交椅。上司一听,享用美食的愉悦心情一点都没有了。但碍于小孙也是老员工,为公司立下了不少汗马功劳,所以就只能耐着性子把这顿饭吃完。当小孙再次邀请上司吃饭的时候,则被上司用一些借口给回绝了。

小赵是个有心人,他以一些事不太明白向上司请教为借口将上司约到了一个湖边。细心的小赵带了钓具,与上司一起坐在湖边一边钓鱼,一边讨论垂钓之术。上司一谈到自己喜欢的话题,简直是口若悬河、滔滔不绝。小赵与上司两个人由垂钓之术谈到鱼的烹饪技巧,再到生意经……在谈话中,上司发现小赵有很多见解与自己不谋而合,两人很谈得来。

黄昏时分,小赵与上司来到了垂钓湖边的一家农家院,动手享受烹饪的乐趣。当饭菜上桌之后,两人把酒言欢,上司的情绪高涨，但是在他的潜意识里，始终绷着一条筋，因为他不知道小赵何时会提起关于升职的事。可是出乎他意料的是，从始至终小赵都没有跟他提起过有关工作的事。

没过多久，总公司的人事安排就下来了，任命小赵来接替分公司的某部门主任一职。其中自然少不了上司的有意提拔。但是小孙却始终搞不懂自己输在了哪里。自己来公司的时间比小赵长，自己的业绩也与小赵相当，就连请上司吃饭小赵都落在了自己的后面，可为什么最终提干的却是小赵呢？

其实，每个人都不是傻子。天下没有白吃的午餐，既然人家请你吃，自然就是有求于你。在这件事上很明显两个人都是为了提干之事。而小孙却犯了一大禁忌——在饭桌上谈公事！

酒之所以是宴请中不可缺少的，是因为它有着神奇的力量。在推杯换盏中，许多平时解不开的疙瘩也许就解开了；许多在办公室里无法搞定的事情，在酒酣耳热之际可能就会轻轻松松地搞定了。桌面上，人人红光满面，却说不定各怀心事，于是饭局有了中国式的社交特色。

饭桌上不谈公事，只要喝好了、聊好了，你要谈的公事自然也就差不多了。大家心里了然，不然人家也不会敞开了跟你喝酒。当然，也有很多情况是酒桌上喝得挺好，生意还是没谈成，但这无非也是在为自己的将来铺路。要想成功，就要记住职场的一大法则——饭桌上只谈"情"，不谈公事！

吃进去的是"饭"，得到的是"财富"

古往今来，不少名人名家在饭桌上作了甚是经典的杯筷之作。林语堂谈起吃，虽然都是一些小品文，但其作品都是从大处着眼。古今中外，恣意汪洋，常常把吃的问题上升到哲学的高度，如《中国人的饮食》等。梁实秋谈吃，多谈趣事，常涉及历史知识、风土人情，有的甚至是菜单化的。但他常常借吃谈人生，让读者在"解馋"中更为解颐，但笑过之后，那些妙语让人三思。汪曾祺谈吃，别具一格，淡进淡出。其实，他是谈如何淡然地对待人生，字里行间，绝非平淡。南宋著名诗人杨万里，喜爱"半山"（即王安石）华丽飘逸、字惊句骇、意蕴隽永之诗，如痴如迷竟到了当作早餐吃的程度。他的一首七言绝句《读书》中就看出了这一点："船中活计只诗篇，读了唐诗读半山。不是老夫朝不食，半山绝句当朝餐。"冯贽撰的《云仙杂记》中有这样的记述："张籍取杜诗一帙，焚为灰烬，副以膏蜜，频饮之，曰：'令吾肠以其改易！'"。唐代著名诗人张籍出生时，杜甫已不在世。张籍对杜甫仰慕不已，总是拿杜诗作为标准，力图把诗写好。他常恨自己没有写出像杜甫那样的诗，决心要"改易肝肠"，于是便取所爱的杜诗"一帙"，焚而以蜜调和饮之。李白不愧为一代酒仙，常在酒后作出脍炙人口的佳句。

　　某省有关部门，抽样调查了一个中等城市酒店餐饮消费情况，发现 11 个月的时间，10 家酒店共开出 2000 元以上发票 11847 张，其中 5000 元以上的发票 924 张，1 万元以上的发票 264 张。一位内部人士透露说，发票上显示的消费单位主要是政府机关和企事业单位。如今的饭局已经成了官场、职场的必修课了，很多政府的工作人员和各大企业的精英经常在繁忙的一天工作之后，不是立刻回家，而是现身于各大饭店。可见应付饭局已经成了他们必不可少的一项工作了。

　　赵本山的小品中曾有这样一句经典对白，"不劳动你吃啥，不劳动你喝啥，吃喝都没了，你还臭美啥？"其实仔细想来，这与"民以食为天"是一样的道理。但是吃饭并不只是为了填饱肚皮，而有着许多社交的功用，譬如联络感情、谈谈生意、招商引资，等等，那非"吃饭"不可。吃饭的目的虽然比较复杂，但其性质却是极为浅显易见。有的人吃饭仅仅是为了活着，而有的人活着却是为了吃饭。

　　近日某报刊登了一篇关于喝酒的辩论，道出了当今社会最真实的一面。正方："人若不喝酒，白来世上走；酒是粮食精，越喝越年轻；李白斗酒诗百篇，苏轼把酒问青天；三杯通大道，一醉解千愁。"反方："酒色财气四堵墙，人人都在里面藏。大道劝人三件事，戒赌戒毒少喝酒。"正方："世路难行钱作马，愁城欲破酒为军；

酒杯一碰，感情无缝。一天两三场，一顿四五两；酒场如商场，万事好商量。你朦胧，我朦胧，你我正好签合同；你喝醉，我喝醉，你我都能得实惠。"反方："喝了咱的酒，不想点头也点头，喝了咱的酒，不愿举手也举手。一四七，三六九，酒酒归一跟我走。"正方："感情浅，舔一舔；感情深，一口闷；感情厚，喝不够；感情铁，喝出血；宁把肠胃喝个洞，不能让感情裂条缝。"反方："只要感情好，能喝多少喝多少；只要感情深，哪管一口闷不闷；只要感情到了位，一点不喝也陶醉。"正方："能喝半斤喝八两，这样的干部要培养；能喝八两喝半斤，这样的干部要当心；能喝白酒喝红酒，这样的干部要调走；能喝红酒喝饮料，这样的干部不能要；能喝饮料喝茶水，这样的干部回家去。"反方："只要感情有，喝啥都是酒；少端杯子多拿筷，少喝酒来多吃菜；不强求，不使坏，大家健康又愉快。"正方总结："酒生胆，酒生情，酒生乐，酒生兴，酒生友，酒生金，酒要大喝。"反方总结："酒生病，酒生错，酒生灾，酒生乱，酒生腐，酒生祸，酒要少喝。"

虽然一直以来，在酒桌上吃吃喝喝被百姓们唾弃，但是从政府领导到企业精英再到普通百姓，哪一个能完全没有应酬？其实，饭局还是要有的，有多少大生意都是在酒桌上敲定的？只是看当事人是怎样看待这个饭局。如果吃得好，那么通过这个饭局，你得到的就会是实惠、利益、财富，甚至是一生享用不尽的资源。

饭局是心灵的沟通，情感的交流

民以食为天，原本吃饭是为了填饱肚子，但现在社会中吃饭越来越有了更深层的作用——人们可以借吃饭增进沟通，交流感情。经历过太多的谈判，每次谈判成功签下合同都是在吃过饭后，双方相互有一点了解后，谈判就会在轻松愉快的气氛下进行，对对方的建议需求也能体谅，这样很能相互产生好感，只要不超过对方的底限，都是能够取得最大的成功的，谈判会圆满结束。

为了公司的一份合同，只身到一个陌生的地方和别人进行谈判沟通，吃饭的时候，如果不喝酒，很难会让双方的心走得近一点，能够容易沟通点。一般上午去谈判，都不会取得什么成果的，突破一般都是在下午，就是因为中午大家一块儿去吃饭了，酒桌上进行过感情沟通，下午谈判起来，就会容易得多。

最近听说，有些老中青夫妻们闹别扭，专门到酒场上化解矛盾。这让人听起来实在难以相信，很多人会觉得有些夸大了

第九章　饭局只是一个起点

酒的作用。但事实上，酒确实有这种魔力，可以化解人与人之间的矛盾。

　　杜琪峰1993年与周星驰合作拍摄电影《济公》时曾闹不和，杜琪峰更曾扬言跟星爷没朋友做，但曾有记者却见二人吃饭喝酒，一个饭局，竟然化解了星爷与杜导17年恩怨。

　　记者问杜琪峰是否约了星爷谈合作时，杜说："不是，纯粹吃饭。"然后便离开。大概5分钟后，星爷也拿着盛着红酒和蛋糕的纸袋离开，笑笑的他没有回答记者问题。有记者致电星爷，问是否与杜商讨合作大计时，他说："纯粹吃饭，大家好久没见。亚洲电影博览来了很多电影人，前晚我和冯小刚吃饭，昨晚就和杜琪峰。"杜琪峰昨也在电话中表示只是吃饭喝酒，不谈公事。

　　的确如此，饭局中的交流可以轻意地打开人们的心扉。若是两个人因为某些小事产生了不愉快的事，闹矛盾，最好平心静气地坐在一起，吃点小吃，喝点小酒，吐露出心声，把压抑在心底的话说出来，自然心结就会很快被揭开，这样很快矛盾就会在饭局的调和下渐渐消失，最终化为乌有。

局后局，让你的"局"更加精彩

饭局——洗浴——KTV已变成了饭局后的新战场，在这种情况下，饭局只是起承转合的过场。各种社会关系——诸如同事、朋友、家人、客户，或者竞争对手，一同行动起来奔赴饭局无非是为了吃完饭能打打麻将，唱唱歌，娱乐一下，让紧绷的神经得以最大限度的放松。

热衷于在外面饭局的男人，其夜晚的重点，多在饭后的那些局。很多人对此都非常疑惑，然而只有经常应酬，并且通常在凌晨才回家的男人才会明白其中的道理。

通常的饭局规则是：请客的不安排下一局，显得诚意不够；吃饭的没有下一局，显得很没面子；陪吃的没有下一局，更是意犹未尽。据专业人士透露，男人需要下一局的心理要求是：因为在猛烈的进食过程之后，会在生理获得极度满足的那一刻，心理上产生一种强烈的失落感，所以必须寻找下一场，以求得心理和生理上的双重满足。

最常见的下一局是卡拉OK。几乎80%的饭局之后，都是卡拉OK，因为卡拉OK是真正能迅速让心灵再度满足的地方。一方面是小姐的陪伴，娇嗲的声音，温柔的双手，能让男人在苦闷的生活中得带几分放松和满足。但是真正懂得玩的男人都

第九章

饭局只是一个起点

知道，小姐可以满足生理上的需要，但却无法填满空虚的心灵。所以放声嘶吼才是发泄的最好办法。

当然，卡拉OK还有另外一个妙用，当你尽情发泄心中不爽的时候，你会消耗不少的体力和热量，这种情况自然为下一个局起到了绝妙的铺垫作用。洗个桑拿，让身体再吃饱喝足、肆意放纵之后得以彻底的放松，这也是人生的一大享受。

各地的夜文化均有不同，世界各国夜文化融合交汇，又各自妖娆。在越来越繁重的工作之下，人们越来越青睐于夜文化带来的诱惑。而最早的夜文化不得不提到上海，正如歌中所唱"夜上海，夜上海，你是一个不夜城"。一位法国的城市状态研究者曾说过，一个城市的"夜生活"质量是考察这个城市的国际化程度、大众消费取向和投资发展空间的一个重要因素。一般人理解的"夜生活"就是白天工作、生活的延续和补充，是我们提高生活质量不可或缺的一部分。

其实，饭局只不过是一个沟通感情、达到目的的形式而已，然而饭局之后的下一个局则会超越饭局本身，更加精彩。这是饭局中男人间公开的默契，既然出来了，怎么舍得就回家呢？酒醉饭饱，一回家难免被老婆骂，也不知道这剩下的时间如何安排，男人们眼神一交汇，心意相通，接着赶下一局吧！当然，下一个局会给你的饭局添光加彩。

1940年5月，一家澳大利亚杂志出了一大本画刊，报道"孤岛"时期上海的舞厅和舞女。这就是中国最早的夜生活。旧上海的夜总会歌舞升平，一派繁华。那个年景的中国人通常是在醉生梦死中度过的。因为看不到未来，所以自甘堕落。

当今的很多夜店、酒吧、KTV也都是由旧上海的夜总会演变而生的，但是人们玩的心情则是截然不同了。在华灯齐放的夜色下，尽情享受着视觉的冲击，酒精的刺激，一天之中的不悦和压力都会被甩得远远的。这也是人家喜欢"局后局"的原因所在吧。

从饭局出发，最终超越饭局

如今的官场、职场、生意场上的饭局，已经完完全全地转变了一种性质了。酒和菜更多的时候已经不再是饭局中的主角，反而变成了陪衬。不夸张地说，吃饭有时候很像结婚，名义上最主要的东西，其实往往却是附属品。

即使久未联系的生人，也会因一句"我们认识，我们在一起吃过饭"而一下子把手握紧了。在中国，似乎很少单纯工作意义上的业务关系，多如牛毛的饭桌社交，早已给业务关系掺入了友情甚至类似亲情的关系。尽管这种关系很可能只维持短暂的时间，但对于为了种种目的必须要打交道的陌生人来说，这种通过饭局进行的情感洗礼必不可少。

吃饭所表现出的仪式感，很大程度上暗示了一种相互靠拢的亲密诉求。饭局的另一个功能就是能获取、互换信息。在饭桌上的闲谈中往往会不经意地透出一些有用的信息。人们往往从饭局出发，以填饱肚子为基本目的，最终超越饭局，获得了更有价值的资讯和消息。

可以说，在饭局中的饭菜只是"开胃品"而已，它可以消除人与人之间的隔阂和陌生感，而酒则是"润滑剂"，它可以拉近心与心之间的距离，让彼此多了一分亲切的感觉。大家通常借用饭局来达到拉拢、收买人心的作用，以便此人能够为己所用。最终，在自己需要的时候，以达到推波助澜的作用。

　　很多人脉关系就是从一场大饭局开始的，因为所谓的志同道合、话太投机，而互留联系方式，方便下一场，甚至下更多场的饭局。每个人都有自己的生活圈子，也都有着自己的能力，而人在这个社会上，不可能成为一个孤立的个体，说不上哪天你就需要哪个人的帮助。所以说，通过每一个饭局，你都要把它当作是你与人沟通交流的一个平台，你可以凭借着这个平台认识更多的朋友，扩展你的人脉关系，索取你想要得到的信息。然而这些有利条件，都将在你日后的发展中帮上你大忙，甚至带你走向成功。这也就是从饭局出发，最终超越饭局的精华所在。

　　自 2000 年起，全球著名的投资商巴菲特每年拍卖一次与他共享午餐的机会。2008 年，这次难得的与巴菲特共进午餐的机会被"中国私募基金教父"赵丹阳和段永平一起以 211 万的天价拍得。对赵丹阳而言，巴菲特一生的投资经验是难以用金钱衡量的无价之宝，就像武侠小说中所写到的与武林高手过招一次后，功力就能够得到大幅度的提升一样。赵丹阳携家人和段永平及几位朋友一起与"股神"巴菲特共同度过了了 3 个小时的午餐时间。他非常肯定地说，在受到巴菲特这样的高手点拨后，自己在投资方面又上了一个新的台阶，这场午餐虽然极为昂贵，但能让自己日后少走许多弯路，所以非常值得。

如今的现实生活就是这样，人与人的交往总是和饮食分不开，最初的相识多是设一个饭局来打破僵局，生意人也总会在推杯换盏中达到各自双赢的目的。许多活动都在饭桌边，边吃边谈的。说是吃饭，其实重点是联络感情，饭桌交谈提供了超越白纸黑字的模糊空间和诠释天地。

虽然一顿午餐被开出了天价，但是从这一餐中，赵丹阳汲取了很多投资方面的经验，这些经验是他人生中的一桶金，的确，相对于有形的金钱，无形的经验则是无价之宝。如果能有机会与金字塔尖的人共餐对话，千万不要吝啬腰包里的Money！因为这一餐的交流定会让你受益匪浅，物超所值。在这样的饭局中，你不仅仅是填饱了肚子，更重要的是你获得了难能可贵的经验和指点，这也就是所谓的超越饭局的意义。

所以，善于利用饭局的人都是能成大事的人。因为他们懂得将生意做得人性化、人情化，添加了人情在其中的生意，自然就会更容易被接受，也更容易获得最终的成功。正如官场所说的那句名言"酒杯一端，政策放宽。"官场的政策都可以在酒桌上得到放宽，更何况一场生意？

善于利用饭局，懂得驾驭饭局，就可以从饭局出发，超越饭局，最终达到成功、财富的彼岸。将公式化的谈判加入"情"来慢慢调和，"酒"到渠成，自然就会超越飘香的酒海，驶向胜利的彼岸。